L'ANTIQUITÉ CHRÉTIENNE

EN ORIENT.

OUVRAGES

DU MÊME AUTEUR QUI SE TROUVENT CHEZ LES MÊMES LIBRAIRES.

ÉTUDES SUR LES HYMNES DU RIG-VÉDA, avec un choix d'hymnes traduits pour la première fois en français. *Louvain*, 1842, 1 vol in-8°.

INTRODUCTION À L'HISTOIRE GÉNÉRALE DES LITTÉRATURES ORIENTALES, leçons faites à l'Université, etc. *Louvain*, 1844, in-8°.

Établissement et destruction de la première chrétienté dans la Chine. *Louvain*, 1846, in-8°.

De l'état présent des études sur le Bouddhisme et de leur application. *Gand*, 1846, gr. in-8°.

ESSAI SUR LE MYTHE DES RIBHAVAS, premier vestige de l'apothéose dans le Véda, avec le texte sanscrit et la traduction française des hymnes adressés à ces divinités. *Paris*, 1847, 1 volume in-8°.

De l'origine de la tradition indienne du déluge. *Paris*, 1849, in-8°.

La tradition indienne du déluge dans sa forme la plus ancienne. *Paris*, 1851, in-8°.

Des tendances nouvelles de l'art en Allemagne. *Louvain*, 1845, in-8°.

Des historiens chrétiens de l'Occident au cinquième siècle. — *La chronique d'Idatius.* — *Paris*, 1848, gr. in-8°.

ÉLOGE DE BALLANCHE, lu le 28 mai 1848, à la Société littéraire, etc. *Louvain*, 1850, in-8°.

REVUE

DES SOURCES NOUVELLES

POUR L'ÉTUDE

DE L'ANTIQUITÉ CHRÉTIENNE

EN ORIENT,

PAR

FÉLIX NÈVE,

PROFESSEUR À LA FACULTÉ DES LETTRES DE L'UNIVERSITÉ DE LOUVAIN,
MEMBRE DE LA SOCIÉTÉ ASIATIQUE DE PARIS ET CORRESPONDANT
DE CELLE DE LONDRES.

LOUVAIN.

C.-J. FONTEYN, LIBRAIRE-ÉDITEUR.

PARIS.	BONN ET LEIPZIG.
Librairie Orientale de Benjamin DUPRAT.	Adolphe MARCUS, Libraire-Éditeur.

MDCCCLII.

Édition revue et augmentée
des articles publiés dans la *Revue catholique*
(3ᵉ *série*, tome III; *Nouv. série*, tome I, — 1851 et 1852)
sous le titre de :
Quelques souvenirs de l'antiquité chrétienne en Orient.

Tirlemont. — P.-J. Merckx ; Impr.-Édit. de la *Revue cath*.

A

MON COLLÈGUE

M. JEAN-THÉODORE BEELEN,

CHANOINE HONORAIRE DE LA CATHÉDRALE DE LIÉGE,

DOCTEUR EN THÉOLOGIE,

PROFESSEUR D'ÉCRITURE SAINTE ET DE LANGUES ORIENTALES À LA FACULTÉ DE THÉOLOGIE

DE L'UNIVERSITÉ CATHOLIQUE,

TÉMOIGNAGE

DE MA SINCÈRE ADMIRATION

POUR LE DÉVOUEMENT A LA SCIENCE

DONT IL DONNE À TOUS LE PUISSANT EXEMPLE,

HOMMAGE

DE MA RECONNAISSANCE ET DE MON RESPECT.

TABLE ANALYTIQUE DES MATIÈRES.

(*) Cette partie du troisième chapitre a été reproduite sous le titre : *De l'authenticité et de l'intégrité des Épîtres de S. Ignace d'Antioche*, dans le *Correspondant*, liv. du 10 mars 1852 (t. XXIX, p. 656-65).

ERRATA.

Page 31, ligne 2 : conjecturait *lisez* : conjecturerait.

QUELQUES SOUVENIRS

DE L'ANTIQUITÉ CHRÉTIENNE EN ORIENT.

Au nombre des études qui ont de notre temps sollicité le plus vivement l'attention du monde savant, il est juste de placer celle de l'Orient, de son histoire, de ses races, de ses langues; il n'en est point d'autre qui l'ait emporté sur celle-ci par l'étendue des travaux et par l'importance des résultats. Si l'on considère en même temps les relations nouvelles que les peuples européens ont nouées avec plusieurs nations orientales, on remarque une étonnante coïncidence entre les tentatives de la politique et les investigations de la science; on ne peut s'empêcher de reconnaître en toutes ces choses une prochaine régénération des sociétés du continent asiatique, comme une de ces entreprises que la Providence a tenues en réserve, comme un des labeurs qu'elle impose au XIXe siècle. Nous n'avons rien à dire ici des vues de la diplomatie européenne, non plus que des efforts tout récents de quelques apôtres du christianisme en Asie. Nous n'entendons parler que des recherches modernes relatives à l'histoire de l'Orient en général, et encore nous restreignons-nous cette fois à une seule partie des recherches qui ont amené tant d'importantes découvertes : nous nous renfermons dans les premiers siècles du christianisme, en vue de relever quelques faits que la lecture des sources orientales ou l'interprétation des monuments archéologiques a mis de nos jours en lumière.

Les plus beaux résultats que l'érudition orientale ait pu atteindre appartiennent à l'histoire des siècles de l'antiquité, et ils éclairent la marche de la civilisation en Asie en révélant la vie originale de ses grands peuples. On sait quel retentissement ont eu en tout pays les travaux contemporains sur l'Inde, la Perse, la Chaldée et l'Égypte. Déjà l'histoire héroïque et civile de l'Inde a été soumise à la plus rigoureuse critique; sa langue savante et ses langues vulgaires ont été habilement analysées : l'histoire religieuse de cette contrée vient d'être éclaircie jusque dans ses origines, grâce à la publication des Védas qui s'achève en ce moment et à l'analyse des livres du Bouddhisme indien ainsi que des monuments tibétains et chinois consacrés à la même doctrine. La culture intellectuelle des peuples Médo-Persans a été étudiée de nouveau dans les ouvrages de Zoroastre, et la puissance de leurs monarchies dans les sculptures monumentales de Persépolis ; presque en même temps on a fait sortir des ruines de Ninive des œuvres d'art qui rendent témoignage à la grandeur et à l'ancienneté de l'empire d'Assyrie. Si l'on a interprêté avec bonheur les écritures cunéiformes de la Perse, l'espoir n'est point perdu d'interroger un jour avec certitude celles de Ninive et de la Chaldée. Enfin, le déchiffrement des hiéroglyphes a dérobé à l'antique Égypte plusieurs de ses secrets : on ne tardera plus à pénétrer les mystères de sa chronologie aussi bien que l'esprit de ses institutions. Qui ne sait quelles applications fécondes on a faites de tant de découvertes pour ainsi dire à toutes les sciences? Qui ne sait de même de quel secours elles ont été à la défense des traditions bibliques et en général à la critique sacrée?

Notre dessein est de signaler présentement des découvertes moins considérables, résultats de travaux moins vastes, mais concernant la période de l'histoire du christianisme en Orient que l'on peut appeler l'antiquité chrétienne. Nous suivrons l'ordre des temps en relevant quelques faits acquis récemment à la science touchant des points de quelque valeur dans l'étude historique de la religion. Notre tâche n'est pas autre ici que l'humble tâche de rapporteur; nous n'ignorons pas qu'il faudrait une dissertation pour exposer complètement, comme pour éclaircir une première fois chacun des points que nous allons indiquer ; nous ne mettons pas non plus en doute que plusieurs de ces points ne réclament encore dans l'avenir de nouvelles et patientes études. Mais nous avons désiré présenter au lecteur une revue rapide d'un certain nombre de faits curieux sur lesquels les études grecques et les études orientales ont jeté une clarté inattendue dans les dernières années. S'il en est quelques uns au sujet desquels il nous est permis d'exprimer des opinions personnelles, nous ne ferons que les mentionner sans les accompagner de toutes les preuves dont elles seraient susceptibles, afin de ne pas introduire de trop longues digressions dans ce travail qui doit conserver, selon notre première intention, le caractère d'une revue. Bien que nous nous proposions de rapporter chaque question sous la forme la plus brève, il nous paraît nécessaire de citer en même temps les ouvrages modernes qui en donnent l'exposé complet et la meilleure solution; sans l'emploi de ce procédé, notre travail ne serait d'aucun secours aux personnes qui désireraient consulter elles-mêmes sur une question donnée les documents authentiques et les mémoires spéciaux qui font autorité. Encore une fois, si l'on ne trouve pas dans ces pages la nouveauté des recherches et des discussions, on verra du moins que nous les avons écrites dans l'espérance d'être utile surtout à ceux qui n'ont pas sous la main les textes originaux en plusieurs langues ou bien certains recueils d'érudition publiés à l'étranger. Il n'est pas besoin d'ajouter ce qui ressortira de l'exposé lui-même, que la plupart des travaux contemporains confirment la tradition des peuples chrétiens sur la réalité des circonstances qui sont rapportées touchant la mission du Sauveur, la prédication de l'Évangile, la prospérité des plus anciennes églises et la propagation du christianisme loin des lieux de son berceau. Il va sans dire que nous ne traiterons pas ici explicitement des mêmes choses que les auteurs récents de l'histoire de l'Église ont soigneusement relatées (1), ou que les apologistes modernes ont relevées avec une clarté suffisante (2).

§ 1.

Faits de l'histoire évangélique retracés dans des monuments d'art et justifiés dans des travaux scientifiques.—L'Adoration des Mages à Bethléhem.—Les guérisons miraculeuses et les autres miracles de Jésus et des Apôtres. — La réalité de la mort du Christ.—Croyance à la carrière terrestre du Fils de Dieu attestée par la vénération des peuples chrétiens pour des portraits réputés anciens : l'Image d'Édesse; son histoire traditionnelle, en rapport avec d'autres traditions du même genre.

Une des premières affirmations de l'histoire évangélique a trouvé plus d'une fois des contradicteurs ; mais elle a été non seulement défendue par l'autorité de l'Église basée sur la tradition ainsi que par des noms imposants d'entre les Pères, mais encore soutenue par des preuves extérieures, venant à l'appui de la tradition : nous voulons dire l'adoration de Jésus-Christ par les Mages dans la maison de Bethléhem. C'est un de ces faits, dont la valeur dogmatique n'a certainement pas besoin de témoignages étrangers, mais dont on aime à voir l'ancienneté rehaussée par des signes non équivoques de la croyance des peuples.

L'étoile a été pour tous les chrétiens des églises orientales le signe commé-

(1) Par exemple MM. Rohrbacher, Alzog et Doellinger.
(2) Par exemple Mgr N. Wiseman dans ses Conférences sur les rapports entre la science et la religion révélée.

moratif du miracle, dont elles ont célébré l'anniversaire de temps immémorial sous le nom d'*Épiphanie*. Qui contesterait que ce signe a été vénéré sans distinction de communion par les peuples qui ont eu des représentants et envoyé des gardiens dans les lieux saints de la Palestine? Si l'étoile n'était pas le symbole antique qui leur rappelait à tous la venue du Christ sur la terre et sa manifestation aux Gentils, les Grecs schismatiques attacheraient-ils aujourd'hui encore tant de prix à l'étoile qui a brillé longtemps dans l'Église de Bethléhem (1), et pourquoi l'auraient-ils à une date récente enlevée aux Latins? Qu'on accuse, si l'on veut, les Grecs d'opiniâtreté et de superstition dans leurs tentatives de revendiquer pour eux, par la ruse ou par la violence, la jouissance des lieux saints et des objets vénérables qu'ils renferment, ce n'en est pas moins un témoignage qu'ils rendent à l'un des évènements liés le plus étroitement à la naissance même du christianisme (2).

Que des peuples de l'empire romain, même fort éloignés de la Palestine, aient représenté l'adoration des Mages dans des œuvres d'art exposées en public, c'est encore là une preuve que la tradition du fait s'était transmise et perpétuée sans conteste dans toute l'étendue des premières chrétientés. Il est plausible que les grandes persécutions ayant cessé, l'usage s'est introduit parmi les populations chrétiennes de reproduire sur des monuments de toute espèce des scènes de la Bible et de l'Évangile. Il est entr'autres deux sculptures, qui se rapportent au miracle de Bethléhem; l'une appartient à un sarcophage érigé par des fidèles du IVe au Ve siècle, et conservé à la cathédrale d'Ancône où il contient les ossements de S. Libérius; l'autre est le couvercle d'un tombeau de la basilique de S. Ambroise à Milan, couvercle sur lequel des artistes chrétiens ont représenté des histoires sacrées. Déjà ces deux ouvrages, surtout le premier qu'on a nommé le monument d'Ancône, ont attiré au siècle passé l'attention des archéologues et des érudits de l'Italie, parmi lesquels se trouvait le savant Joseph Bartoli, auteur d'une dissertation

(1) Voir la brochure récente de M. Eugène Boré : *Question des lieux saints*, Paris, 1850, p. 43, 46, 69.

(2) Les astronomes ont donné leurs suffrages aux calculs par lesquels l'évêque danois Münter a montré que l'étoile appelée étoile du Messie chez les Orientaux a paru en réalité à l'époque de la naissance du Christ, dont il faudrait reporter la date à l'an 747 de Rome, six ans environ avant l'ère vulgaire. *Der Stern der Weisen u. s. w.* Kopenhagen, 1827, pp. 119 in-8°.

sur le sujet du dit monument. (1). Ce travail ayant été rendu accessible au public français par la traduction annotée qu'en a donnée un recueil religieux (2), nous ne ferons que reprendre les conclusions auxquelles est arrivé l'auteur italien, et dont son récent interprète a montré la valeur.

Suivant Bartoli, le monument d'Ancône (dont le dessin accompagne sa dissertation) représente un prince assis, Hérode, donnant audience à trois hommes au dessus de la tête desquels est figurée une étoile, c'est-à-dire, aux trois Mages se dirigeant vers Bethléhem. Bien des raisons font préférer cette interprétation à toute autre qui serait puisée dans l'histoire sainte ou dans l'histoire profane. Les unes sont tirées des types et des costumes consacrés par l'art antique à certains sujets : ainsi le bandeau qui ceint la tête d'Hérode le grand est bien le diadème donné aux rois étrangers à l'époque impériale de Rome; sa chlamide, sa cuirasse, sa ceinture, son siége, répondent bien au faste de la cour du prince juif; il n'est pas jusqu'au bâtiment qui ne rappelle la magnificence de ses palais. D'autres raisons sont tirées de la nature même du sujet : les satellites placés auprès d'Hérode expriment par des gestes l'étonnement qu'a dû causer à Jérusalem la demande des étrangers; d'autre part, les trois Mages, d'après leur attitude, semblent se mettre en marche vers Bethléhem. De plus ces personnages sont couverts du bonnet persan, de la tiare, comme Alcuin l'appelle fort bien, et ont les jambes entourées de vêtements larges et flottants : particularités, qui se retrouvent sur d'autres monuments analogues, par exemple sur celui de Milan, et qui, dirons-nous en passant, viennent en aide à la tradition qui faisait venir les Mages des contrées de la Perse ou des provinces du royaume des Parthes les plus rapprochées de la Judée. Une dernière preuve qui n'est pas la moins forte, c'est la représentation bien distincte d'une étoile sculptée à la frise du sarcophage par dessus les trois hommes que l'on est porté à prendre pour les Mages : une étoile est sculptée de la même manière au bord du couvercle conservé à Milan.

(1) Turin, 1768 (74 pp. 4°). — Plusieurs monuments du même genre ont été publiés dans les ouvrages de Bottari et de Séroux d'Agincourt, ainsi que dans d'autres recueils consacrés à l'histoire de l'art. Voir la liste qu'en donne Guénébault dans son *Dictionnaire iconographique de l'antiquité chrét.* (T. II, p. 140, Paris, 1845).

(2) *Annales de philosophie Chrétienne*, dirigées par M. A. Bonnetty (Paris). — Tome I et II, 4e série, liv. de mai, juin, août, sept. 1850. — Article de M. l'Abbé Th. Blanc.

Quant à la valeur historique de ces sculptures, nous nous bornerons à dire, qu'elles confirment ce que la tradition nous apprend sur le fait lui-même et sur ses conséquences. Les artistes chrétiens de l'Occident ont donné au signe conducteur des Mages la forme d'une étoile, et non pas celle d'une comète ou même d'un disque de lumière poussé par un ange, comme l'ont voulu quelques interprètes; fidèles à la première tradition, ils ont figuré une véritable étoile, selon la pensée des meilleurs apologistes (1), un astre miraculeux tant dans sa forme que dans son mouvement. Les mêmes sculptures confirment encore la tradition sur le nombre de trois personnages, présentant suivant l'usage chacun son offrande particulière, et de même sur leur qualité de princes : on n'a jamais allégué que des raisons spécieuses, mais faibles, pour nier que ces hôtes renvoyés si promptement par Hérode fussent des souverains et même des hommes considérables dans leur pays. Si les œuvres d'art comme les monuments écrits ont conservé le souvenir du passage des Mages à Jérusalem, il s'ensuit que l'évènement qui a suivi de près celui-ci, le massacre des Innocents ordonné par Hérode, est provoqué par la question des étrangers sur le roi nouveau-né et justifié par la politique ombrageuse du roi des Juifs; n'importe que Josèphe ait gardé le silence sur ce massacre : il ne pouvait en parler sans rappeler la cause de l'arrivée des Mages en Judée, et sans faire allusion aux prédictions sur la domination des descendants de David; or Josèphe qui flattait la vanité de Vespasien s'est tu avec intention sur un évènement qu'un auteur païen, Macrobe, mentionne dans ses *Saturnales* (II, ch. 4), en citant un bon mot d'Auguste au sujet de la cruauté d'Hérode.

De tous les autres faits relatifs à la vie terrestre de Jésus-Christ, il n'en est point qui aient été plus contestés que les miracles qu'il a opérés lui-même, et il en a été de même pour les miracles opérés après son ascension par les apôtres. C'est à l'exégèse qu'il appartient de défendre dans des traités spéciaux ou dans des commentaires analytiques la réalité des actes surnaturels attribués par l'évangile au divin fondateur du christianisme et à ses disciples immédiats. Ce n'est pas ici le lieu de relever les affirmations que l'exégèse moderne a opposées aux dénégations de l'école de Strauss et d'écoles plus anciennes; mais, sans parler des œuvres spéciales dont l'utilité polémique

(1) V. par exemple Sandini au chap. III de son *Historia familiæ sacræ* (Patavii, 1764).

est bien connue, telles que la *Vie* de N. S. Jésus-Christ par le **Dr** Kuhn de Tubingue, *le Christ et l'Évangile* par l'abbé Chassay de Bayeux, la *Crédibilité des faits de l'histoire évangélique*, ouvrage de Tholuck traduit par l'abbé Valroger, etc., nous devons une mention dans cette revue à un travail de M. Joseph Brunati, professeur d'exégèse sacrée à Milan, travail où il résume les études des modernes sur la question des guérisons miraculeuses racontées dans les saintes écritures (1). S'emparant des arguments que des auteurs distingués ont donnés en réponse aux assertions des critiques protestants ou rationalistes dans le siècle passé et dans le nôtre, Brunati a montré la nécessité d'admettre l'action d'une puissance surnaturelle dans trois espèces de faits consignés dans les livres de l'ancien et du nouveau Testament : les guérisons vraiment miraculeuses opérées par des moyens ne suffisant pas à produire quelque effet réel ; les guérisons instantanées produites par un seul mot ou un seul signe, celles des paralytiques, des épileptiques, des aveugles, des sourds et muets, etc., enfin, la guérison des possédés, dont le mal avait sa source dans une cause supérieure à toute cause ordinaire d'un mal physique ou moral.

Il ne paraîtra point superflu que nous rappelions en cet endroit une autre dénégation partie des mêmes écoles qui ont nié ou qui ont expliqué par des raisons naturelles les miracles du Sauveur : c'est celle de la réalité de sa mort, d'où il suivrait qu'il n'est plus besoin de croire au miracle de sa résurrection. Cette dénégation est tellement grave dans ses conséquences, qu'elle a provoqué une étude nouvelle du récit de la Passion jusque dans ses moindres incidents : des médecins distingués de l'Allemagne protestante, les Richter, les Eschenbach, les deux Gruner, ont prouvé par un examen scrupuleux des circonstances rapportées par les Évangélistes que la mort a dû suivre les tourments du crucifiement et les souffrances de la suspension de Jésus-Christ sur la croix. Après avoir analysé les observations de ces docteurs sur la mort qui résulte de ce genre de supplice, un apologiste contemporain tire une preuve d'analogie d'une narration arabe touchant la fin d'un esclave Mamelouk crucifié près de Damas au XIIe siècle (2) : jeune en-

(1) Dissert. II, dans le recueil des *Dissertazioni bibliche*, publié par l'auteur à Milan (1838. in-8° p. 37-52). V. le tome XIVe des *Démonstrat. évang.* édit. *Migne*.

(2) V. le Ve discours de Mgr Wiseman (sur les sciences naturelles), tome I. — Le texte arabe de ce passage du traité d'Osyuthiyi (*le pré fleuri et l'odeur parfumée*) est imprimé dans la *Chrestomathia Arabica* de Kosegarten. Leipzig, 1828, p. 63-65.

core, remarquable par sa force, cet esclave ne put endurer les souffrances du supplice de la croix, et en particulier celle de la soif, plus de quarante-huit heures.

Nous ne séparerons point de ces justifications de l'histoire évangélique une courte mention d'autres souvenirs qui n'ont pas trouvé place dans le texte sacré, mais auxquels on a attaché beaucoup de prix dans tous les siècles chrétiens : tels sont ceux qui concernent les images du Sauveur produites miraculeusement, non faites de main d'homme. Certes, c'est un sujet qui mériterait à lui seul une longue dissertation même après les traités étendus qui lui ont été déjà consacrés, par exemple le *Syntagma* de J. Gretser *de sacris imaginibus*. Force nous est donc ici de relever uniquement quelques données acquises à l'histoire traditionnelle des saintes images, et surtout à la critique de l'histoire orientale de l'image d'Edesse. Beaucoup de notions utiles ont été réunies par le savant Peignot dans ses *Recherches historiques sur la personne de Jésus-Christ* (1), et par Raoul-Rochette dans un *Discours sur l'art du Christianisme (2)*; elles ont été résumées par M. Bonnetty dans un article de ses *Annales*, qui doit être venu à la connaissance de beaucoup de nos compatriotes, grâce aux soins vigilants de l'éditeur d'un recueil litté-raire justement estimé (3). Plus tard a paru, comme extrait des Mémoires de l'Académie des Sciences de Berlin, une dissertation du célèbre W. Grimm intitulée : *La tradition de l'origine des images du Christ (4)*; l'auteur s'y occupe surtout, d'après les légendes les plus répandues, de l'idée que l'on s'est faite de l'origine des portraits miraculeux du Sauveur.

Malgré la valeur que l'on peut attacher à quelques traditions particulières, comme nous le dirons bientôt, il demeure établi que la primitive église ne possédait pas des images authentiques de la personne de Jésus-Christ. La culture des arts plastiques interdite aux Juifs inspirait de la défiance aux chrétiens; d'ailleurs, il n'existe aucun récit authentique sur l'existence de

(1) Dijon, 1829. 1 vol. in-8°.

(2) Disc. sur l'origine, le développement et le caractère des types imitatifs qui constituent l'art du Christianisme. Paris, 1834. pp. 71, gr. in-8°.

(3) *Rech. sur la personne et les plus anciens portraits de J. C.* (avec planche). — *Nouv. Conservateur belge*, t. X. Louvain, 1834. p. 205 — 26.

(4) *Die Sage vom Ursprung der Christusbilder* (Berlin, 1843, 55 pp. 4° fig.)— *Abhandlungen der koenigl. Academie u. s. w. aus d. Jahre 1842.* (Berlin, 1844. 2e part., p. 122 — 75).

portraits du Sauveur à l'époque des apôtres et dans les premières Chrétientés. Ensuite il n'y a pas véritable accord entre les Pères de l'Église dans ce qu'ils nous rapportent touchant la stature du Christ, les uns supposant que Jésus était de petite taille et d'un aspect vulgaire, les autres affirmant la beauté physique du Fils de Dieu fait homme. L'âge de ces derniers, parmi lesquels se trouvent S. Jean-Chrysostôme et S. Jérôme, le IVe siècle est aussi le moment où l'usage s'est répandu chez les chrétiens de faire peindre ou sculpter des figures du Sauveur, et cela parce que l'on cessa dès lors de craindre autant l'influence payenne des arts du dessin (1). Comme il n'existait aucun type consacré du temps de S. Augustin, il est advenu que, selon la remarque de ce Père (2), d'innombrables variétés de physionomie ont été introduites dans les portraits du Seigneur au gré de la fantaisie de leurs auteurs. C'est à partir de cette époque que l'on fit fréquemment sculpter la figure du Christ sur les tombeaux ou qu'on la fit frapper sur les médailles; c'est alors de même qu'ont pris naissance les types byzantins de la tête du Christ qui ont passé des Grecs, aux Syriens, aux Coptes, aux Slaves, mais que chaque race a modifiés d'après sa physionomie particulière. Ces faits généraux bien établis, il reste à déterminer ce qu'ont de plausible des traditions réellement anciennes touchant l'existence de portraits du Sauveur produits de son vivant sans le travail d'une main d'homme.

Nous ne ferons ici qu'une simple mention de l'empreinte miraculeuse qui aurait été recueillie par sainte Véronique, et portée à Rome par elle-même du temps de Tibère : quant aux détails qui appartiennent à un examen critique de cette tradition, il n'est plus que peu de chose à dire après les recherches que les Bollandistes lui ont consacrées (5). Nous parlerons plus explicitement d'une tradition analogue appuyée sur un plus grand nombre de témoignages : la tradition orientale, concernant l'image d'Édesse; on verra, que, n'importe la foi que l'on peut librement ajouter à son origine miraculeuse, cette image est peut-être la plus ancienne des peintures connues représentant les traits du Sauveur.

C'était un objet de croyance traditionnelle dans les églises de l'Asie occi-

(1) Cons., outre la dissert. de W. Grimm (p. 55) et le disc. de Raoul-Rochette (p. 10 et suiv.), l'ouvrage d'Emeric David : *Histoire de la peinture dans le moyen âge*, p. 23 — 72 (éd. in-12°. Paris, Gosselin, 1842).

(2) *De Trinitate*, lib. VIII, cap. 4 et 5.

(5) *Acta Sanctorum*, die 4 februarii.

dentale qu'il s'était conservé à Édesse un portrait authentique envoyé par
Jésus lui-même au roi Abgar avec une réponse à la lettre que ce prince lui
avait adressée dans l'espoir d'une guérison; il est même des auteurs qui ajoutent, pour rehausser la valeur de ce portrait, que l'envoyé d'Abgar a pré-
senté à Jésus un linge sur lequel il a imprimé ses traits divins. Pour juger
cette tradition dans son ensemble, on ne peut se dispenser de mettre en
ligne de compte les deux lettres qui sont réputées avoir été écrites dans la
même circonstance l'une par Abgar au Sauveur, l'autre par le Sauveur ou
plutôt, sur son ordre, par l'un des apôtres (St Thomas) au souverain d'É-
desse. Publiées pour la première fois par Eusèbe au IVe siècle (1), elles ont
été reproduites dans les siècles suivants par bien des historiens et entre
autres par Moïse de Khorène dans son *Histoire d'Arménie* écrite au commencement du Ve (2). Leur publication a dû avoir quelque retentissement dans
l'Église, puisque plusieurs Papes ont déclaré ces pièces apocryphes, devant
par conséquent être exclues du Canon des Écritures : une sentence de ce
genre fut portée l'an 494 dans un concile tenu sous le Pape Gélase. Les deux
lettres, déclarées apocryphes, mais non rejetées comme des pièces falsifiées
ou entièrement fausses (3), ont été jugées dignes de longues discussions
par grand nombre de polygraphes et d'historiens de l'Église dans les temps
modernes; qu'on ne l'oublie pas, il s'est agi pour eux, non point de les
assimiler au texte sacré, mais de leur accorder une certaine autorité de vraisemblance et d'ancienneté tenant lieu d'une valeur incontestée de pièces
authentiques. Sans parler des protestants qui leur ont dénié formellement
cette autorité, il est une foule de savants catholiques, qui ont contesté et
combattu par des raisons de haute critique l'espèce d'authenticité que d'autres ont été portés à leur accorder : de ce nombre sont Melchior Canus,
Bellarmin, Rigaut, Noël Alexandre, Dupin, Richard Simon, Don Ceillier
dans leurs œuvres ou dans leurs collections assez célèbres, ainsi que des
savants et des apologistes contemporains (4). D'autre part des hommes de

(1) Dans son *Histoire ecclésiastique*, livre I, chap. 13.

(2) Livre II, chap. 30-32 (t. I, éd. Levaillant de Florival, texte armén. avec
trad. franç., Venise, 1841).

(3) V. *l'Arménie* par M. Eug. Boré (tome II, de la *Russie* dans l'*Univers* de Didot),
p. 36-38.

(4) Voir un travail anonyme publié dans l'*Auxiliaire catholique* (tome V, page
12-26. Paris, 1846) sur les difficultés qui se rencontrent dans la lecture des auteurs

grand savoir, Pagi, Tillemont, Bergier, Sandini, en ont pris la défense : mais ce sont surtout les Arméniens qui se sont efforcés de faire remonter jusqu'à l'âge du Sauveur et des Apôtres ces lettres relatives à l'histoire d'un de leurs princes et conservées dans les archives nationales d'Édesse. Reprenant les arguments qui avaient servi déjà dans des écrits arméniens à la défense de ces lettres, le marquis de Serpos et l'abbé Cappelletti les ont données comme des monuments vénérables du christianisme et en même temps comme des titres précieux de l'église arménienne (1). Cependant, adopterait-on cette seconde opinion (qui n'est pas la nôtre) sur l'origine des deux lettres, leur authenticité ne garantirait pas encore celle de l'image miraculeuse qui aurait été rapportée à Édesse par le messager d'Abgar.

Eusèbe parle des lettres sans parler de l'image; Moïse de Khorène, dans son Histoire, les fait accompagner « d'un portrait du Sauveur fait d'après nature et conservé encore de son temps à Édesse (2) »; des écrivains postérieurs, Evagrius et S. Jean Damascène donnent déjà sur l'origine merveilleuse de l'image des renseignements précis dont il n'y a pas de trace dans les sources arméniennes du même âge et d'un âge antérieur (3). Enfin, au Xe siècle, un traité complet est composé sous forme de discours par l'empereur Constantin Porphyrogénète sur l'image qui venait d'être portée d'Édesse à Constantinople (944) : le royal auteur s'y appuie sur les monuments écrits et sur les traditions orales de la Syrie, qui offrent du reste plus d'une dissidence, pour soutenir l'authenticité de ce portrait comme d'une image extraordinaire et surnaturelle; il insiste plus qu'aucun des écrivains précédents sur le fait miraculeux de la guérison d'Abgar lors de sa réception. Il

ecclésiastiques, et l'*Essai historique sur l'école chrétienne d'Édesse*, thèse récente de l'abbé Ch. Allemand-Lavigerie, p. 120 suiv. (Paris, 1850, in-8°).

(1) *Compendio di memorie chronologiche concernenti la religione e la morale della nazione armena*. Venez, 1786. T. I, p. 155-70. — *L'Armenia*, Firenze, 1841. T. III, p. 22 et suiv.

(2) Dans son histoire de Ste Ripsima et de ses compagnes, Moïse dit simplement « qu'elles ont vénéré l'image du Sauveur » lors de leur passage à Edesse. (Texte arménien de Moïse de Khorène, édit. de Venise, 1843, p. 299).

(3) On considère comme interpolé à diverses époques le traité de *Géographie* de Moïse de Khorène, où on lit qu'à Edesse se trouve « l'image du Sauveur non faite de main d'homme. » (Édit. complète de Moïse, citée plus haut, p. 611. — Texte de la *Géographie* dans les *Mémoires sur l'Arménie* de Saint-Martin, tome II, p. 568-69).

arriva dans le cours du moyen âge que plusieurs exemplaires ou copies de la même image furent portés de la Syrie à Constantinople et jusqu'en occident; c'est une de ces imitations envoyées à Rome, qui fut gardée et vénérée dans l'église St Silvestre : vraisemblablement l'image romaine a été le modèle de la plupart des têtes du Christ qui font partie de diverses collections d'antiquités chrétiennes en Allemagne. Cependant l'image originale est réputée avoir passé de Constantinople à Gênes, vers le milieu du XIVe siècle, comme un don de reconnaissance fait par l'empereur Jean Paléologue au général d'une armée auxiliaire de Gênois; elle est gardée depuis l'an 1384 dans l'église St Barthélemi des Arméniens par des moines basiliens de cette nation. Non seulement cette image est vénérée depuis cinq cents ans dans la ville de Gênes, mais encore elle a eu de date récente de nouveaux historiens et panégyristes (1). Il est hautement probable que, si elle n'est pas l'exemplaire de Constantinople provenant d'Édesse, elle en est du moins une copie authentique qui ne le cède pas en âge et en valeur à l'image romaine de St Silvestre. Est-ce à dire que l'image célébrée partout sous le nom d'image d'Édesse remonte au temps du ministère du Sauveur? L'Église ne s'est jamais prononcée sur le fait miraculeux que des écrivains grecs seuls assignent pour origine à cette image ; on est libre de la supposer avec Cappelletti l'œuvre personnelle d'Ananias, l'envoyé d'Abgar, si l'on veut en faire une peinture datant du Ier siècle; mais, en ce cas, il serait permis de douter comment elle s'est conservée jusqu'au IVe siècle dans Édesse redevenue payenne sous les successeurs d'Abgar Uschamas. C'est conserver à l'image un assez haut degré d'ancienneté répondant à la vénération dont elle a été l'objet, que d'en reporter l'exécution au IVe siècle (2), c'est-à-dire, à l'époque où les peuples chrétiens ont placé sans danger pour la foi la figure du Christ sur leurs monuments d'art et sur leurs médailles. Sans doute, c'est afin de relever le prix de cette peinture que les Syriens, les Arméniens et les Grecs ont rattaché son histoire au souvenir de l'ambassade d'un prince d'Édesse à Jésus-Christ. L'importance esthétique qu'on ne peut lui refuser,

(1) V. Jos. Cappelletti, *l'Armenia*, tome III, p. 24-28, notes. — V. l'opuscule allemand du P. Malachias Samuelian de la congrégation des Mékhitaristes : *Historisch-Kritische Abhandlung über das schon im Beginne des Christenthums u. s. w. hochheilige Bild U. H. Jesu C.* (Wien, 1847, pp. 168 in-12).

(2) Vers la fin du IIIe siècle, si l'on ajoute foi à la relation du voyage de Ste Ripsima à Edesse, dont nous avons parlé dans une note précédente.

et dont les dessins modernes permettent de bien juger encore (1), vient se joindre à d'autres considérations, pour autoriser cette hypothèse, que la tradition relative à l'image d'Édesse a donné naissance à la tradition qui attribue à S. Luc l'art de peindre et l'exécution d'un portrait authentique du Sauveur : la description que Nicéphore Calliste (2), historien du XIVe siècle, nous fait du tableau de S. Luc, s'accorde avec ce que l'on sait de l'image d'Édesse et de ses copies. Selon toute vraisemblance, il y eut une image vénérée entre toutes les autres pour son antiquité et sa beauté ; mais plusieurs traditions eurent cours sur son origine.

Nous n'avons insisté quelque peu sur les recherches relatives aux images du Christ et aux traditions des églises orientales qui les concernent, que dans le but pratique de montrer le point où ces recherches sont aujourd'hui parvenues. Si notre intention n'a pu être de disserter de nouveau sur les données qui leur servent de fondement, nous avons du moins la confiance d'avoir, dans ces quelques pages, indiqué aux hommes instruits quelles sont les ressources acquises en dernier lieu à une discussion approfondie des légendes et de leur valeur. En mettant fin à cette digression, nous n'avons plus qu'à faire remarquer sous quel rapport elle s'approprie aux esquisses analytiques que nous communiquons ici : sans contredit, tout ce qui a trait à la personne du Sauveur, à la vénération de figures réputées vraies et authentiques, n'importe l'ancienneté et la consistance des traditions, atteste la ferme croyance des Églises apostoliques à l'existence réelle du Fils de Dieu comme homme, et à tous les actes qui ont marqué les années de sa carrière terrestre selon le témoignage des Évangiles. Si le code des chrétiens n'a rien dit expressément sur la taille et la physionomie de Jésus, les peuples croyants ont rendu hommage à son humanité sacrée en conservant et en vénérant des portraits que la tradition faisait remonter jusqu'au temps où il a vécu : il y a, ce nous semble, dans les légendes que nous venons de citer, une réponse historique aux Docètes des premiers siècles et aux chercheurs de mythes qui sont leurs successeurs dans le nôtre.

(1) Voir les gravures qui accompagnent les ouvrages cités de Cappelletti et du P. M. Samuelian.

(2) *Histor. eccles.* Lib. II, c. 45, XIV, c. 15, XV, 14. — Voir le mémoire cité de W. Grimm, p. 48-52.

§ II.

Coup d'œil sur quelques circonstances de la prédication de l'Évangile au 1er siècle.
— Preuves externes des faits évangéliques tirées des médailles et des monnaies :
confirmation du récit des historiens sacrés jusque dans ses détails historiques et
géographiques; voyages de S. Paul; tradition sur ses rapports avec Sénèque. —
Missions des apôtres en Asie : S. Barthélemi et S. Mathieu en Arabie; influence
de leur apostolat. — Voyage de S. Thomas dans plusieurs pays de l'Orient;
tradition qui le fait prêcher et mourir dans l'Inde : découverte de médailles
portant le nom du roi Gondaphorus qui figure dans cette tradition.

Aux considérations que nous venons de présenter touchant la personne
et la vie du Sauveur, nous ferons succéder des aperçus du même genre
sur différentes circonstances ou sur différents termes qui font partie du
récit dans les livres canoniques du Nouveau Testament. Cette fois encore,
nous ne ferons autre chose que signaler des preuves externes qui confirment
la véracité des auteurs du récit : mais on apercevra sans peine la valeur
actuelle de ces preuves, toutes secondaires qu'elles sont par rapport aux
fondements dogmatiques, aux arguments intrinsèques de la démonstration
chrétienne. En effet, s'il est au temps présent un danger réel dans la négation
des faits qui composent l'histoire du Sauveur et des Apôtres, s'il est vrai
que, dans bien des écoles, ces faits sont présentés comme des symboles, de
même que le Christ et les personnages du Nouveau Testament sont traités
de mythes, on aurait tort de négliger la confirmation indirecte que ces faits
reçoivent de monuments historiques contemporains; de ce nombre sont
des médailles bien connues, regardées par les numismates comme étant
d'une authenticité incontestable, et de plus accessibles aux amateurs dans
des collections d'une célébrité européenne, la Bibliothèque de Paris, le
Cabinet de Vienne, le Musée Britannique, etc.

C'est à un savant Anglais, M. John Akerman, que l'on doit un recueil fort
curieux d'*Illustrations numismatiques sur les parties historiques du Nouveau
Testament* : anglican sincère, il a fait paraître pour la défense des origines
du Christianisme son petit traité, qui est une véritable numismatique de
l'Évangile et des Actes des Apôtres (1846). C'est ce travail consciencieux
d'Akerman que M. Bonnetty a fait connaître aux lecteurs français dans
plusieurs articles de ses *Annales* (1) et dont nous nous proposons de

____

(1) *Annales de philosophie chrétienne*, tome XX , 3ᵉ série, juillet- août- décembre

passer ici en revue les points les plus saillants. Que ressort-il, dira-t-on, de cette exégèse des monuments numismatiques? C'est que les écrivains du Nouveau Testament ont retracé des événements de l'époque où ils vivaient, qu'ils ont bien nommé et bien décrit des lieux décrits ailleurs de la même manière, et qu'ils ont fait mention de circonstances que des faussaires n'auraient pu inventer; c'est qu'ils ont cité et invoqué des noms de princes dont l'histoire est d'ailleurs assez connue, et dont le siècle ne ressemble en aucune façon à une époque mythologique (1).

Plusieurs médailles d'Hérode-le-Grand lui donnent dans leur légende grecque le titre de *Roi*, Βασιλεύς, qui lui est donné de même par les Évangélistes; c'est le titre qu'Antoine obtint pour lui du sénat, tandis qu'il avait porté auparavant celui de *Tétrarque*. Sur une de ces médailles, il est une étoile, entre deux branches de palmier; type très-remarquable si l'on prend en considération le grand événement du règne du premier Hérode. D'autres médailles qui joignent le nom d'*ethnarque* à celui d'Hérode paraissent appartenir à son successeur Archélaüs, fils qu'il avait eu d'une femme syrienne et qui n'obtint jamais à Rome plus que le titre d'ethnarque.

Il est plusieurs monnaies de faible valeur citées fréquemment dans l'Évangile, et dont on a traduit les noms vulgairement par les noms d'obole ou de denier; de ce nombre est l'*Assarion*, 'Ασσάριον, dont on possède plusieurs exemplaires parmi les monnaies de l'île de Chios, mais dont la dimension et le poids doivent avoir différé à diverses périodes et dans différentes villes. Des pièces de ce genre, ainsi que les petites pièces dites *lepton* (obole, denier) et *quadrans* (Κοδράντης, quart de l'as), ont eu cours à Jérusalem à l'époque du ministère du Sauveur, en concurrence avec les monnaies des villes de la Samarie et de la Judée qui ne portaient pas d'empreinte payenne.

Vraisemblablement la monnaie soumise par les Juifs à l'examen de Notre Seigneur était de l'espèce fort commune qu'on appelle *denier de Tibère :* ce denier ordinaire, portant le portrait du *César* alors régnant du nom de Tibère, doit avoir été frappé très-fréquemment, puisqu'on en trouve des exemplaires dans presque toute l'étendue de l'empire romain. La réponse

1849; tome I, 4e série, janvier-février-mars-juin 1850. — L'éditeur a fait graver sur bois les médailles dont le numismate anglais a joint la gravure à son texte.

(1) V. Chassay, le *Christ et l'Évangile*. IIe partie (l'Allemagne), chap. IV. Impossibilités du système mythique.

des Juifs à la question du Christ au sujet de l'effigie impériale, quand ils lui dirent : *de César* (Καίσαρος), est parfaitement éclaircie d'ailleurs par une petite monnaie de cuivre qui circulait en Judée à cette époque, et dont le revers portait un épi de blé avec l'inscription : Καίσαρος, c'est-à-dire, « monnaie de César. »

Il est curieux de retrouver sur un sicle de l'âge des Machabées le nom de *sainte* que S. Mathieu donne à Jérusalem (XXVII, 53), quand il l'appelle « cité sainte », même après le récit de la passion; on lit sur ce sicle en caractères samaritains : *Jeruschalem hakkaduschá,* « Jérusalem la sainte ». Cette dénomination a passé dans le nom que les Arabes lui donnent depuis plusieurs siècles : *El-kods,* « la Sainte », c'est le cri des guides du Levant à la vue des murailles et des tours de Jérusalem. On serait en droit de supposer que cette ville a été nommée dès un temps fort ancien par les Grecs Κάδυτις, *Kadytis,* transcription du nom de *Kaduschá,* et que Jérusalem est dûment citée deux fois sous ce nom dans l'histoire d'Hérodote, comme une grande ville de la Syrie, ville qui, suivant cet écrivain, « ne serait pas de beaucoup inférieure en étendue à celle de Sardes (1). »

Les types de plusieurs monnaies frappées par les Romains dans les différentes villes qui leur étaient soumises concourent à fortifier l'opinion de quelques interprètes touchant ce passage de l'Évangile (*Matth.* XXIV, 28) : « Là les aigles seront réunis ensemble. » Ces mots n'annonceraient-ils pas que Jérusalem deviendrait bientôt la proie d'une nation insatiable de conquêtes? Comme les deniers légionnaires d'Antoine, qui portent les insignes romains surmontés d'un aigle se trouvent en très-grande quantité en Orient, sans aucun doute, ils ont circulé à l'époque des prédications du Sauveur avec une empreinte qui était un symbole de conquête et de possession. Y aurait-il dans les paroles citées quelque allusion aux aigles légionnaires qui étaient regardées avec horreur par les Juifs comme des idoles? Ce sens littéral se concilierait-il avec le sens figuré, mystique même, que l'on donne généralement au même passage?

On a été quelquefois embarrassé, pour déterminer l'état des changeurs de monnaie dont Jésus a renversé les tables dans le Temple suivant Saint Marc (XI, 15). Leur trafic était devenu nécessaire à cause du paiement annuel d'un demi-sicle qui devait se faire en monnaie juive pour la con-

(1) *Herodoti Musæ,* lib. II, c. 159; lib. III, c. 5. — D'autres interprètes retrouvent dans le nom grec *Kadytis* celui de Gath ou Gaza.

servation du Temple : il a résulté de la grande variété des monnaies qui circulaient en Judée et que les changeurs recevaient en prenant une faible commission malgré la défense de la loi. L'expression de Κολλυβιστής, *(Collybistès)*, changeur de monnaie, a été dérivée du mot Κόλλυβος, *(Collybos)*, petite monnaie : ce mot figure dans un passage de la biographie d'Auguste par Suétone (chap. IV), suivant lequel Cassius de Parme reprochait à cet empereur d'être le petit fils d'un *nummularius* ou changeur de monnaie et d'avoir pris de la farine « dans ses mains noircies par le contact des *collybos* (1) ».

On sait que la prise et la destruction de Jérusalem par les Romains ont réalisé à la lettre les paroles prophétiques du Christ, et qu'un juif, Flavius Josèphe, s'est fait l'historien de leur terrible et solennel accomplissement. Il ne faudrait pas oublier dans l'étude historique de cet événement les monnaies de Vespasien et de Titus qui portent des types et des inscriptions très-significatives à ce sujet. Ces pièces émises en grand nombre offrent presque toutes la même allégorie qui rappelle la sentence d'Isaïe (III, 26) : « Elle sera assise désolée par terre ! » En effet, elles portent au revers la figure d'une femme captive, assise au pied d'un palmier dans l'attitude de la douleur et quelquefois même les mains liées derrière le dos ; c'est la Judée, la nation juive elle-même, comme le porte la légende de ces monnaies : *Judaea capta.* Tantôt sur la même face est représenté un autre captif ; tantôt c'est un guerrier romain ou l'empereur lui-même dans la pose d'un vainqueur. Le nombre et la beauté des monnaies de ce genre attestent l'importance attachée au fait d'armes qni avait mis fin à la résistance opiniâtre des Juifs, en amenant la ruine de la capitale de cette nation orgueilleuse. Les Romains ont joint l'ironie au mépris : il existe une pièce semblable aux monnaies des mêmes règnes, mais portant au revers les mots de *Judaea navalis.* Cette légende est non seulement une dérision par rapport à l'absence de marine chez les Juifs, mais encore une allusion piquante à la destruction des habitants de Joppé devenus pirates après la ruine de leur ville (2).

Mais revenons à d'autres concordances historiques s'appliquant aux textes de l'Évangile. Quand Jésus dit (S. Luc, XXII, 25) que les rois des nations

---

(1) Ou bien : « par le change dit *Collybum.* » — Manibus collybo decoloratis.

(2) V. Josèphe, *de bello judaïco*, l. III, c. 29 et 36. — M. Dumersan, de la bibliothèque nationale de Paris, a publié naguère la pièce en question dans plusieurs journaux de numismatique.

sont appelés bienfaiteurs (*evergètes*), il rappelle aux peuples une épithète, une désignation d'honneur fort répandue dans les petites monarchies de l'Asie occidentale. Le titre d'εὐεργέτης se retrouve sur les monnaies de plusieurs rois et surtout des rois de Syrie; or, ces dernières n'avaient pas cessé d'avoir cours en Judée à l'époque évangélique. On connaît un beau tétradrachme d'Antiochus Evergète, frappé l'an 137 avant J.-C.

On lit dans S. Jean (XIX, 12) que la foule a crié à Pilate, qu'il n'est point « l'ami de César, » φίλος τοῦ Καίσαρος, s'il renvoie Jésus absous : or, il est constant que ce terme est devenu un titre chez les princes juifs qui l'ont inscrit sur quelques monnaies, de même que d'autres princes tributaires des Romains, par exemple les rois de Cappadoce, se sont fait appeler « amis des Romains ». Agrippa-le-Grand est le premier en Judée qui inscrivit sur ses monnaies : φιλόκαισαρ, « ami de César », comme le prouve une pièce frappée à son effigie dans la ville de Césarée (1), pièce d'une rareté et d'un intérêt extraordinaire. Ce qui fait d'ailleurs la valeur particulière de cette pièce, c'est qu'elle porte l'image d'Agrippa, tandis que d'autres pièces qui datent de son règne portent la tête du César régnant, Claude ou Caligula. Ce descendant d'Hérode y est nommé « le roi grand Agrippa, ami de César »: c'est l'Hérode des *Actes* (XII, 1), celui « qui étendit les mains pour persécuter certains hommes de l'Église. »

On avait élevé des doutes, sur le titre de *proconsul*, ἀνθυπάτος, qui est donné à Sergius Paulus comme magistrat Romain de l'île de Chypre (2). Mais on est parvenu à recueillir dans les médailles et les inscriptions la succession de quelques proconsuls de l'île de Chypre: ainsi on a une médaille frappée sous Claude à l'effigie de cet empereur, et marquée au revers du nom de Cominius Proclus, « proconsul des Cypriens »; c'est sous le règne du même Claude que S. Paul a visité l'île de Chypre, où il a pu rencontrer l'homme prudent, appelé dans les *Actes* le proconsul Sergius Paulus. Strabon, il est vrai, range Chypre parmi les provinces de l'empereur régies par des propréteurs (3); mais Dion Cassius rapporte qu'Auguste, peu après la première répartition, a échangé avec le sénat Chypre et la Gaule Nar-

---

(1) Hérode Agrippa nomma *Césarée* en l'honneur de l'empereur la ville qu'il construisit sur l'emplacement de la tour de Straton, et *Sébaste (Auguste)* la ville de Samarie qu'il embellit et fortifia.

(2) *Actes*, XIII, 6-7.

(3) *Géogr.* liv. XIV, p. 685 et liv. XVII, p. 840.

bonaise contre la Dalmatie, et que ces deux provinces ont reçu dès lors des proconsuls (*Hist.* LIII, c. 12; LIV). Par conséquent S. Luc est d'accord avec la double assertion de Dion, quand il désigne sous le nom de proconsul le gouverneur de Chypre.

Ce sont également des médailles qui éclaircissent ou confirment plusieurs particularités dans les voyages apostoliques de S. Paul consignés dans le texte des *Actes* (1). L'historien a marqué fort exactement l'arrivée du grand Apôtre en Macédoine, quand il venait de la Troade et de Samothrace, en le faisant entrer «à Philippes, qui est la première ville de cette partie de la Macédoine, et colonie » (ib. ch. XVI, v. 11 et 12). D'une part, il est avéré que Philippes était réellement ville principale, comme colonie romaine, et en même temps première ville en face des côtes d'Asie; et d'autre part, il est vraisemblable qu'elle était comprise dans la première des quatre divisions territoriales entre lesquelles Tite-Live (XLV, 29-30) partage la province dite Macédoine (2). Des médailles depuis longtemps décrites portent les titres de trois de ces divisions : « la *première*, la *deuxième* et la *quatrième* (province) des Macédoniens. » De plus, il existe une médaille de Philippes, contemporaine du séjour de S. Paul, et représentant le génie de la ville posant une couronne sur la tête de l'empereur Claude.

. Les monnaies d'une autre ville de Macédoine, Βέροια ou Bérée (Berrhœa), présentent une particularité que l'on pourrait expliquer le mieux peut-être à l'aide d'un passage des *Actes* (ch. XVII, v. 10-12) : c'est dans cette ville que S. Paul qui fuyait de Thessalonique a été reçu avec humanité par les Juifs et a fait des prosélytes parmi eux ainsi que parmi les Grecs. Or, de toutes les monnaies impériales frappées en cette ville, il ne nous reste que celles de Trajan et d'Antonin le Pieux, portant la figure du prince sur la face, et au revers le nom du peuple (Βεροιάων) entouré d'une guirlande : de plus elles sont du fort petit nombre des pièces anciennes qui se distinguent par l'ab-

(1) Le docteur Paley composait dans le siècle passé un livre sur la vérité de l'histoire de S. Paul, qui est demeuré célèbre parmi les traités relatifs à l'authenticité des Écritures. Traduit en français depuis longtemps, il a été reproduit par M. Migne dans son recueil de *Démonstrations évangéliques*.

(2) Voir d'autres interprétations de ce passage dans le beau commentaire latin de M. le professeur Beelen *in Acta Apostolorum* (tom. II, Lovanii, 1851, p. 74). Nous touchons dans les pages suivantes à d'autres détails, que le même auteur a expliqués avec un égal soin.

sence de tout symbole païen. Une double explication de cette absence se présente : si on ne peut l'attribuer à l'influence chrétienne qui n'eût pas suffi
alors pour déterminer la suppression des devises païennes, il semble plausible de tenir compte des opinions de la communauté juive, considérable à
Bérée, et du respect que les magistrats de cette localité auront montré jusque
dans le système monétaire pour cette partie influente de la population.

Une médaille non moins curieuse est celle qui représente d'un côté les
têtes de Claude et d'Agrippine, de l'autre les mots *Diana ephesia* avec la statue de la déesse réputée la *nourrice* de tous les êtres vivants; la forme antique de l'idole adorée à Ephèse est conservée dans l'empreinte du revers de
cette médaille. Frappée sous le règne de l'empereur Claude, elle est à peu
près contemporaine de la visite de S. Paul à Ephèse; elle reproduit avec
beaucoup de netteté la figure symbolique de Diane Artémis telle qu'on la
vénérait de temps immémorial dans cette ville, et, comme monument destiné
à populariser le culte de la déesse-nature, elle confirme ce que nous lisons
dans les *Actes* (ch. XIX, v. 23 sq.) sur l'industrie des Ephésiens, qui consis-
tait par exemple à confectionner en argent de petits temples de Diane. On
aurait peine d'après cela à ne pas ajouter foi à ce que le même passage nous
apprend sur l'émeute excitée à Ephèse contre les apôtres par les orfèvres et
les artisans attachés au service du sanctuaire fameux de la grande déesse.
Bien plus, il est deux médailles qui donnent aux Ephésiens précisément le
titre de *néocores* de Diane que S. Luc donne à leur ville (XIX, 35) : les *Néocores* étaient chez les Grecs les intendants des temples et des fêtes d'une divinité; Ephèse a donc été appelée fort justement l'intendante ou la gardienne
de la grande Diane (νεωχόρος ....'Αρτέμιδος). D'autres circonstances rapportées
au même endroit reçoivent également de la numismatique et de l'histoire une
confirmation remarquable. Ainsi on est à même d'apprécier la qualité véritable et l'importance du secrétaire ou scribe (γραμματεύς), qui a harangué le
peuple d'Ephèse pour l'apaiser (*Act.* XIX, 35) : des médailles de l'époque de
Néron mentionnent un personnage du nom de *Cousinios*, Cusinius, qui aurait
été appelé plusieurs fois par les Éphésiens à cette magistrature élective. Que
la ville d'Ephèse ait eu des proconsuls comme il est rapporté dans le discours
du scribe (ib. XIX, 38), c'est chose mise hors de doute par une monnaie de
Néron qui représente le temple de Diane et dont la légende renferme le nom
du proconsul Aechmoclès Aviola de la famille consulaire Acilia. De même on
tient pour historique la dignité d'*Asiarques* donnée à quelques-uns des grands

d'Éphèse qui conseillent à S. Paul de ne point se rendre au théâtre où le peuple s'était rassemblé en tumulte (ib. XIX, 31) : l'intérêt qu'ils lui ont montré a pu venir, sinon de leur sympathie pour la religion chrétienne, du moins de leur admiration pour l'éloquence de son Apôtre. Les *Asiarques* (Ἀσιάρχαι) étaient en réalité des citoyens considérables des villes d'Asie, des espèces de pontifes chargés de l'administration des jeux et des spectacles païens; des médailles durent être battues plus d'une fois en l'honneur de ces édiles qui acceptaient des fonctions sans doute onéreuses analogues à celles de la *Choragie* athénienne, comme en fait foi la médaille représentant un Asiarque de la ville d'Hypœpa en Lydie, couronné par la Victoire.

Il n'y a pas moins d'exactitude dans d'autres passages des *Actes* qui ont quelque rapport avec l'histoire politique de l'empire Romain. Si nous y lisons (XXI, 39. XXII, 27. 28) que S. Paul invoque quoique Juif son droit de citoyen Romain puisqu'il est né à Tarse en Cilicie, les expressions du texte fournissent la raison de ce droit dans le titre de municipe qu'avait cette ville, puisque toute ville municipale jouissait du droit de bourgeoisie Romaine; de plus, il existe des monnaies de Tarse où elle est désignée du nom de métropole ou d'autonome, et où elle est assimilée aux villes libres de l'empire (1). Ailleurs encore *(Act.* XXV, 13) il est dit que S. Paul a plaidé sa cause à Césarée devant un Agrippa, qui serait le fils d'Agrippa-le-Grand : or, nous trouvons le nom de ce prince inscrit sur une monnaie juive qui porte la figure du tabernacle et l'emblême de trois épis de blé. Enfin il n'est pas dans l'historien des Apôtres jusqu'au nom de certains corps de troupes dont on n'ait retrouvé de notre temps la signification littérale. Là où il est question d'une *cohorte italique* (σπεῖρα Ἰταλικά. *Act.* X, 1), on a reconnu un corps formé de volontaires recrutés en Italie, ayant ses quartiers à Césarée, mais étranger à l'organisation des légions dites *italiques*, et des autres légions Romaines ainsi que des corps militaires levés dans la Syrie et les provinces d'Orient. Là où il s'agit d'un centurion de la cohorte Auguste (*Act.* XXVII, 1), on a pu reconnaître un corps Samaritain servant dans l'armée Romaine, et appelé du nom de la ville de *Sébaste* (la vénérable), σπεῖρα σεβαστῆ, c'est-à-dire, « la cohorte de Sébaste, » et cela en raison du nom grec donné à Samarie, capitale de la contrée, par Hérode

(1) Tarse n'eût-il pas eu le rang de municipe, S. Paul pouvait tenir son droit de citoyen libre de ses ancêtres qui l'auraient acquis par leurs services ou à prix d'argent. Voir le commentaire de M. Beelen sur les *Actes*, tome II, p. 187.

Agrippa en l'honneur de Tibère, l'*Auguste* de son temps : cette explication se substitue avantageusement à celle qui supposait une cohorte particulière d'une des trois légions qui avaient le surnom d'*Augusta*, mais qui ne servaient ni en Judée, ni en Syrie.

C'est le centurion de cette cohorte de Sébaste, du nom de Julius, qui fut chargé de conduire S. Paul à Rome avec d'autres prisonniers. Ceci nous amène à dire un mot de la tradition qui fait entrer l'Apôtre des Gentils à Rome même dans des relations suivies avec Sénèque : nous donnons place ici à une tradition occidentale, parce qu'elle vient s'ajouter naturellement aux faits de l'histoire apostolique dans les provinces orientales du monde Romain, dont nous venons de faire une revue fort rapide avec le secours de la numismatique.

Il est de fait que, quand il s'agit de l'influence de Saint Paul et de la doctrine chrétienne sur Sénèque et sur sa philosophie, on est en présence d'une tradition, et non point de témoignages historiques formels. On ne peut perdre de vue que tel est le point de départ de toute thèse que l'on voudrait soutenir à cet égard : c'est assez dire, qu'il faut traiter cette tradition comme toutes les autres, à savoir, après avoir étudié ses caractères essentiels, rejeter les données qui lui servent de fondement, ou bien en défendre la vraisemblance à défaut de preuves qui en établissent la parfaite certitude. Mais la même thèse comprend un second point qui revient à une question positive de critique philologique : c'est l'authenticité fort douteuse des quatorze lettres qui ont été publiées dans la plupart des éditions de Sénèque et qui sont données comme la correspondance de l'apôtre et du philosophe (1).

L'opinion à peu près unanime des savants fait regarder ces lettres comme supposées ; elle est fondée à la fois sur leur contenu et sur leur style, et de même elle s'appuie sur ce fait, qu'on en trouve la première trace dans un écrivain du IVe siècle qui use peut-être d'une formule de doute en les citant (2). Que l'on rejette la prétendue correspondance de Sénèque et de

____

(1) Leur texte a été joint avec traduction par M. Ch. Durozoir au tome VIIe des *OEuvres de Sénèque*, p. 531-58 (Bibliothèque latine-française de Panckoucke). Le recueil de tous les matériaux relatifs à cette correspondance a été annoncé depuis bien des années par l'habile polygraphe M. Peignot ; mais, à notre connaissance, il n'a point encore été publié.

(2) S. Jérôme, dans son traité *de Viris illustribus*, écrit vers 392, au chapitre

S. Paul comme apocryphe, resterait intacte la première question que nous avons indiquée et qui consiste à discerner quelle confiance mérite la tradition sur les relations de deux hommes éminents du Ier siècle. Nous ne pouvons songer à reprendre ici toutes les considérations qui viennent à l'appui de la haute vraisemblance de cette tradition : car nous ne l'entreprendrions point sans nous jeter dans un hors d'œuvre qui ferait disparate avec les autres parties de notre sujet. Au moins, ne voulons-nous point passer sous silence les vues et les assertions exposées avec talent et autorité par quelques écrivains contemporains; nous aurons non seulement montré l'état de la question, mais encore fourni la preuve qu'elle mérite bien d'être étudiée de nouveau d'une manière sérieuse, et qu'on ne peut la trancher par de simples dénégations.

Revenant au fond même de la tradition, nous distinguerons les notions dont elle se compose des circonstances que certains historiens et même certains critiques ont pu y introduire tout gratuitement. Il ne s'agit d'autre chose que de relations personnelles de Sénèque avec S. Paul, et d'une étonnante conformité de quelques opinions du philosophe avec des points essentiels de l'enseignement chrétien. Disons d'abord que, si les relations supposées n'ont rien d'absolument certain, elles tirent un assez haut degré de probabilité de faits historiques qu'on a recueillis pour les confirmer : S. Paul avait comparu en Achaïe devant le proconsul Gallion, le frère même de Sénèque, qui n'a pu ignorer cet incident; il fut remis à Rome entre les mains du préfet du prétoire, Burrhus, l'ami de Sénèque; enfin, la doctrine annoncée librement à Rome par S. Paul pendant deux ans avait pénétré dans le palais de Néron, et déjà l'apôtre transmettait aux Philippiens (*Epist.* ch. IV, v. 22) les salutations des Saints, c'est-à-dire, des chrétiens « de la maison de César (1) ». On avouera que, d'après la portée de ces faits, il n'y aurait rien d'invraisemblable dans une entrevue d'un philosophe aussi avide d'instruction que l'était Sénèque avec un docteur juif déjà célèbre avant son arrivée à Rome : S. Paul n'avait-il point parlé devant l'Aréopage et discuté avec les Stoïciens d'Athènes? Quant à l'affinité des doctrines, con-

XII : « .... illæ epistolæ, *quæ leguntur a plurimis*, Pauli ad Senecam et Senecæ ad Paulum, etc. »

(1) Voir une dissertation de M. l'abbé Greppo : « Les chrétiens de la maison de Néron », dans ses *Trois mémoires relatifs à l'histoire ecclésiastique des premiers siècles* (Paris 1840, in-8o).

statons que les meilleurs écrivains n'ont jamais voulu faire de Sénèque un vrai chrétien : une assertion aussi formelle ne serait qu'une grossière erreur. On ne saurait non plus établir que Sénèque aurait penché vers le christianisme au point de lui sacrifier plus tard le polythéisme et la philosophie même : on n'a pas aperçu à cet égard quelque indice certain dans ses écrits, et peut-être la rigueur de son stoïcisme semblerait protester contre les intentions qui lui ont été prêtées. Mais, que Sénèque ait eu connaissance des doctrines du Christianisme ainsi que des livres du Judaïsme, c'est ce qu'on aurait grande peine à révoquer en doute : si nous en jugeons par de nombreux passages de ses œuvres, Sénèque aurait connu les Écritures, il s'en serait quelquefois inspiré, et même il leur aurait fait des emprunts qu'il est impossible de méconnaître. La doctrine ésotérique de Sénèque a droit d'être distinguée du panthéisme stoïcien qui avait cours dans les écoles; sa métaphysique vaut beaucoup mieux que sa morale, et c'est à tort qu'on refuserait à son éclectisme le mérite d'être intelligent et habile. Les traces de la prédication chrétienne sont demeurées dans sa pensée, au point que, dans quelques endroits, Sénèque reproduit jusqu'aux expressions de la Bible et même de quelques Épitres de S. Paul. Si l'on remarque après cela que ceux des écrits de Sénèque où l'on retrouve surtout cette affinité de pensée et de langage, ses *Lettres*, son traité de la *Vie heureuse*, et celui des *Bienfaits*, datent de la dernière époque de sa vie, on ne peut regarder comme tout à fait dénuée de fondement la tradition qui nous le montre en rapport avec S. Paul, qui avait converti des personnes attachées au palais impérial : les dates qu'il serait trop long de produire ici s'accordent au point de concourir à l'autorité de la tradition dans la mesure que nous avons déterminée à l'instant. C'est ainsi que l'ont entendue de nos jours des savants et des écrivains justement célèbres, qui ont pris soin, dans les ouvrages où ils s'en sont occupés, de justifier leur opinion à l'aide d'une confrontation des textes. Nous citerons entre autres auteurs M. Troplong, dans son ouvrage intitulé: *De l'influence du Christianisme sur le droit civil des Romains* (1); M. Franz de Champagny, dans son beau livre des *Césars* (2); Fr. Schœll, dans son *Histoire de la littérature romaine* (3); M. Ozanam, dans une note de son

(1) Chap. IV, p. 54 et suiv. (édit. de Louvain, 1844).
(2) Tome IV, p. 247, p. 517-20, p. 417-25 (Paris, 1845).
(3) Tom. II, p. 446 et suiv. (Paris, 1815).

ouvrage sur Dante (1). On lira avec fruit dans ces écrits une juste appréciation de ce qu'il y a d'essentiel et de fondé dans la tradition que nous avons jugé utile de mentionner ici; on verra à quel point elle avait été compromise par la mauvaise critique, et de quelles difficultés il a fallu la dégager pour en établir la valeur intrinsèque. Il ne serait pas moins nécessaire, d'un autre côté, si l'on portait un véritable intérêt aux recherches qui concernent cette tradition, de prendre connaissance des arguments spécieux allégués pour la rejeter entièrement : le Dr F. Baehr, professeur et bibliothécaire à Heidelberg, reproduit plusieurs de ces arguments dans son *Histoire de la littérature romaine* (2), en citant les mémoires dans lesquels des érudits d'outre-Rhin ont repris à nouveaux frais l'examen de la même question de critique, que l'école de Voltaire avait traitée avec une méprisante ironie.

Retournons-nous maintenant vers l'Orient, et jetons un coup d'œil sur le champ qui y fut ouvert aux prédications des Apôtres et des disciples du Christ qui s'adjoignirent à eux. On sait qu'il existe des traditions fort anciennes sur la part qui échut à chacun d'eux dans la première période de leur apostolat. Cependant ces traditions sont loin d'offrir le même degré de certitude historique, spécialement en ce qui touche aux dénominations géographiques; il en est même qu'on n'a pu encore justifier à l'aide de documents qui leur sont étrangers. Puis, si ce fait de la présence d'un des Apôtres dans plusieurs contrées de l'Orient est avéré, il n'a pas toujours suffi pour y établir le Christianisme sous la forme durable d'une communauté religieuse, d'une Église. Au moins ressort-il de toutes les recherches faites sur les missions apostoliques du Ier siècle, que les hommes qui avaient reçu mission du Sauveur lui-même ont porté la parole évangélique fort loin de la Judée, dans des directions fort opposées, chez des peuples de toute religion et de toute race. Ce que l'on connaît des voyages de quelques Apôtres en Asie garantit suffisamment l'espèce d'universalité qui devait être un des caractères de la première prédication.

Ainsi, on regarde comme certain que S. Marc a fondé l'Église d'Alexandrie, si ce n'est pas lui qui a le premier annoncé l'Évangile dans cette ville et dans une partie de l'Égypte : premier évêque d'Alexandrie, il aurait institué l'un des cinq patriarcats entre lesquels était partagé le monde chrétien

(1) Dans l'introduction qui a pour titre : *De la tradition littéraire en Italie* (édit. de 1845).

(2) En allemand : § 341 et 344, tome II, p. 454, p. 467-69 (3e édit. Carlsruhe, 1845).

avant les grands schismes d'Orient; il aurait consacré dans l'Église égyptienne une liturgie qui est demeurée en usage chez les Coptes, tout en subissant quelques modifications dans le cours des siècles. Suivant Eusèbe, qui s'est fait l'écho des traditions reçues chez les Grecs du temps de Constantin-le-Grand, l'apôtre Philippe aurait accompli ses travaux dans l'Asie Mineure et particulièrement dans la Phrygie; St Thaddée aurait évangélisé la contrée d'Edesse redevenue payenne après Abgar, et peut-être une partie de l'Arménie; S. André aurait porté ses pas jusque chez les Scythes, et S. Barthélemi jusque chez les Indiens, sous le nom desquels il faut entendre les habitants d'une partie de l'Arabie et de l'Éthiopie, vu la grande extension donnée au nom d'Indiens par les écrivains des premiers siècles.

Selon plusieurs auteurs (1), S. Matthieu aurait pénétré dans l'Arabie heureuse et dans l'Éthiopie. Tout rend probable que les semences du Christianisme furent bientôt étouffées dans ces contrées. Il est vrai que S. Pantène, qui fut envoyé à la fin du second siècle dans le Yémen ou l'Arabie Heureuse par Démétrius, évêque d'Alexandrie, y trouva des traces de la prédication de S. Barthélemi, au rapport des auteurs ecclésiastiques (2). Mais la foi chrétienne, semble-t-il, n'a pas jeté de profondes racines parmi les tribus arabes adonnées au paganisme. Quand, au troisième siècle, un souverain du Yémen, Abd-Kélâl voulut professer le christianisme même en secret, les Himyarites se soulevèrent contre lui et massacrèrent le Syrien qui l'avait converti : d'après le témoignage des écrivains orientaux, au temps de ce prince, la religion chrétienne ne comptait pas de prosélytes dans le Yémen (3); dans le siècle suivant le Judaïsme y trouva de nombreux partisans, mais la mission du moine Théophile dont nous parlerons de nouveau ailleurs ne laissa pas de traces durables. Il est d'autre part très-probable que la prédication apostolique eut quelque succès parmi les peuplades qui étaient voisines de la Syrie ou qui étaient répandues dans les contrées septentrionales de l'Arabie : de même l'enseignement chrétien avait dû pénétrer par une voie quelconque dans le Hédjâz, vaste province de l'Arabie occidentale, puisque Jésus y a été vénéré parmi les divinités auxquelles les habitants rendaient

(1) Rufin, *Hist. eccl.*, I, 9. Philostorgue, *Hist. eccl.* II, 6.

(2) V. Lequien, *Oriens Christianus*, Tome II, p. 370-371.

(3) Caussin de Perceval, *Essai sur l'histoire des Arabes avant l'Islamisme*, Tome Ier (Paris, 1847), p. 108 et suiv.

un culte idolâtrique. Nous citerons à cet égard un fait très-curieux que le célèbre voyageur Burckhardt a relevé le premier (1) : d'après un auteur arabe, El-Azraki, qui allègue le témoignage oculaire de plusieurs personnes respectables, la figure de Jésus et celle de la Vierge Marie étaient sculptées dans le temple fameux de la Caaba sur une des colonnes les plus proches de la porte, et elles étaient là un des objets de l'adoration des Arabes dans les siècles antérieurs à l'Islamisme. Un autre écrivain musulman (2), Harawi, confirme le témoignage du premier dans sa Description du temple de la Mecque, et rapporte que ces images y furent détruites avec les autres sur l'ordre du Prophète lors de la conquête de la ville sainte des Arabes. Il n'est pas moins digne de remarque qu'un des princes de la seconde famille des Djorhom qui régnait à la Mecque et qui avait l'intendance de la Caaba, le sixième, a porté le surnom d'*Abd-el-macih*, c'est-à-dire, serviteur du Messie (3) : si l'on place le règne de ce prince entre les années 76 et 106 de notre ère, son nom historique ne peut s'expliquer que par l'influence d'une fort ancienne mission chrétienne en Arabie.

Cette courte digression nous mène naturellement à la mention d'autres traditions concernant l'Arabie et des contrées voisines : ce sont celles qui font voyager dans ces contrées l'apôtre S. Thomas. Les plus anciens témoignages assignent la Parthie comme théâtre de sa prédication dont on ignore d'ailleurs les particularités : Eusèbe en parle le premier d'après Origène (4), et il est suivi en cela par Socrate dans son Histoire ecclésiastique (I, c. 19) et par l'auteur des *Clementinæ recognitiones* (IX, c. 29). Plus tard seulement des écrivains, que cite Baronius (ad an. 44), ont étendu l'apostolat de S. Thomas aux peuples voisins des Parthes, les Perses, les Mèdes, les Indiens qualifiés du nom de Brahmanes; enfin, Nicéphore Calliste *(Hist. eccles.* II, 40) l'étend jusqu'à Taprobane, l'île de Ceylan, d'autres encore jusqu'à la Chine. La tradition qui faisait de S. Thomas l'apôtre des Indes, quoique fondée sur

(1) « La vierge Marie avec le jeune Aïsa (Jésus) sur ses genoux. » — *Voyages en Arabie*, trad. de l'anglais par Eyriès (Paris, 1835), Tome Ier, p. 221.

(2) Passage que cite le Dr Lee dans ses *Ibn Batuta Travels* (London, 1829, p. 51-52, notes), et que M. Noel Des Vergers a reproduit dans son édition de la *Vie de Mohammed* par Abulféda (Paris, 1837, p. 152).

(3) Caussin de Perceval, ouvr. cité, Tome Ier, p. 195, 198. — Abulfedæ *historia anteislamitica*, ed. Fleischer (Leipzig, 1831, p. 131).

(4) *Hist. eccl.* Liv. III, ch. I.

des documents sujets à caution, était si accrédité dans l'Europe chrétienne,
que les Portugais ont recherché dans l'Inde des traces de la chrétienté
fondée par cet apôtre, et ont prétendu même avoir retrouvé son corps à
Méliapour, dans le royaume de Carnate sur la côte de Coromandel ; une pierre
où il aurait tracé de son sang une croix devenue miraculeuse se serait conservée près du lieu de son martyre (1). Comme on l'a deviné bientôt après,
l'illusion des Portugais a été favorisée à cet égard par la rencontre qu'ils
avaient faite dans le Malabâr des chrétiens Nestoriens chez qui le nom de
S. Thomas était en honneur (2) et qui avaient conservé bien des souvenirs
de l'antiquité chrétienne. Nous avons hâte de dire que des savants de grande
autorité ont rejeté comme invraisemblable le séjour de l'apôtre de S. Thomas
dans l'Inde (3) : parmi les motifs sur lesquels ils se sont appuyés, nous
relèverons uniquement les suivants. La légende qui faisait foi sur ce point
était tirée d'une pièce apocryphe, connue sous le titre d'*Acta Thomæ*, rédigée
au VIᵉ ou même au Xᵉ siècle, et publiée par un certain Lazius qui invoquait
le nom d'un personnage inconnu, Abdias de Babylone (4). La ville de
Calamina (Καλαμήνη) où S. Thomas aurait souffert le martyre n'a pas été
retrouvée jusqu'ici parmi les localités anciennes de l'Inde : seulement Tillemont a conjecturé (*Hist. ecclés.* I, 613) que ce serait Calamone en Arabie.
Or, cette conjecture s'accorderait avec l'opinion unanime des érudits sur
la confusion fréquente de plusieurs pays sous le même nom d'Inde dans les
auteurs chrétiens des premiers siècles : S. Thomas aurait prêché la foi dans
le pays d'Édesse où sa mémoire a été l'objet d'une vénération spéciale, dans
la Perse qui le revendiquait comme son premier apôtre, ainsi que dans
plusieurs pays voisins, dont les habitants sont fréquemment appelés *Indiens*
(Ἰνδοί) dans les actes et les ouvrages historiques des églises grecque et

---

(1) Voir un résumé des premières relations à ce sujet dans la *China illustrata*
du P. Kircher, 2ᵉ part. , ch. II.

(2) Ces débris d'une chrétienté nestorienne ont été désignés depuis lors en Europe sous le nom de *Chrétiens de S. Thomas.*

(3) V. Sandini, *Historia apostolica*, p. 205 (édit. Patav. 1765) , et les dernières
éditions des *Vies des Saints* d'Alban Butler, 21 décembre.

(4) Ces *Acta* ont été imprimés par J. A. Fabricius à Hamburg dans le *Codex
apocryphus Novi Testamenti*, tome I, p. 687 et suiv. (V. *ibid.* p. 388). Puis ils ont
été publiés séparément par Thilo comme spécimen de sa nouvelle édition de Fabricius (Lipsiæ, 1823, in-8⁰).

latine; on n'aurait donc pas de solides raisons pour chercher de nouveau dans l'Inde véritable quelque trace du passage de S. Thomas (1).

On voit par ce simple exposé que la science historique n'avait pas retrouvé dans les sources quelque donnée plausible sur l'apostolat de S. Thomas dans l'Inde et n'avait pu mettre en valeur la légende qui est parvenue jusqu'à nous parmi des documents apocryphes. Mais voici qu'un doute vient d'être soulevé par suite des études entreprises de nos jours avec tant de persévérance sur toutes les époques de l'histoire de l'Inde : nous allons rapporter comment M. Reinaud, de l'Institut de France, a été conduit à tirer d'un des noms historiques des dynasties indiennes un rapprochement fort curieux avec un nom de la légende de S. Thomas. Pour en faire bien juger le lecteur, nous le replacerons au milieu des recherches qui ont fourni au savant académicien l'occasion de ce rapprochement (2).

Attentif à l'influence réciproque des doctrines religieuses dans les pays de l'Asie centrale, M. Reinaud a cru pouvoir conclure de faits divers « qu'en Perse et dans le Nord de l'Inde, un peu avant notre ère et un peu après, il s'établit une espèce de fusion entre les diverses croyances, ou du moins que les doctrines les plus diverses furent professées en même temps. » Ensuite, donnant comme probable que le christianisme ne tarda pas à se mêler à ces croyances, il a signalé parmi les noms que portent des médailles indiennes récemment découvertes le nom d'un roi contemporain de S. Thomas, le nom de Gondopharès, analogue à celui de Gondaphorus qu'on lit dans la légende citée. Ce roi est mis, dans la série de ces médailles authentiques (3), au nombre des rois indo-scythes qui régnèrent dans la vallée de l'Indus peu de temps après le puissant Kanerkès ou Kanischka, si célèbre dans les fastes du Bouddhisme, c'est-à-dire, vers le commencement de l'ère chrétienne.

(1) V. sur les recherches faites en ce sens au XVIIe siècle l'ouvrage de Fabricius : *Salutaris lux Evangelii*, (Hamb. 1751), c. V, p. 109-10.

(2) *Mémoire historique, géographique et scientifique sur l'Inde antérieurement au milieu du XIe siècle de l'ère chrétienne.* Extrait du tome XVIII, 2e partie, des Mémoires de l'Académie nationale des inscriptions et belles-lettres, p. 94-96 (Paris, imp. nation., 1849, in-4°).

(3) V. les publications de deux savants anglais, l'*Ariana antiqua* de M. Wilson (London, 1842), p. 340, et le livre de M. H. T. Prinsep : *Note on the historical results deducible from recent discoveries in Afghanistan* (Lond. 1844), p. 103.

Or, il est de fait que les actes de la vie de S. Thomas, qui nous sont parvenus à la fois en grec et en latin (1), citent un roi de l'intérieur de la presqu'île, qui se nommait Gondaphorus (Γονδαφόρος). D'après ces actes, S. Thomas arriva de Jérusalem sur la côte de l'Inde et pénétra bientôt dans l'intérieur, auprès d'un prince appelé Gondaphorus, qui embrassa le christianisme; après cela il se porta dans une autre partie de l'Inde où il reçut la couronne du martyre.

« On voit, dit M. Reinaud, que ce récit n'a rien d'incompatible avec ce que nous a transmis la tradition, et ce que nous apprennent les monuments archéologiques. A la vérité, l'on pourrait induire de quelques passages des écrits de S. Augustin (2), qu'au moins une partie de la légende de S. Thomas a été mise en circulation par les Manichéens; il paraît, en effet, que dès le IIIe siècle de notre ère, un disciple de Manès, appelé Thomas, alla prêcher ses doctrines dans l'Inde. L'authenticité de la légende entière a été contestée par Lenain de Tillemont et d'autres écrivains non moins respectables. Mais le nom de Gondaphorus ne se rencontre que sur une certaine classe de médailles, et les actes de S. Thomas sont le seul document écrit qui en présente la reproduction. N'est-on pas autorisé à croire qu'il s'agit réellement ici de l'apôtre S. Thomas et d'un prince indo-scythe, son contemporain? »

Évidemment, on retrouve ici les éléments d'un synchronisme qui nous met sur la voie de recherches plus précises touchant l'introduction du christianisme dans l'Inde. Si l'on ne peut, à l'heure qu'il est, en conclure en toute assurance le voyage de S. Thomas dans une partie quelconque de ce grand pays, on augurerait du moins avec raison que la connaissance de la foi chrétienne avait été portée au delà des frontières de l'Inde dans le premier siècle, puisque le nom authentique d'un prince contemporain est parvenu jusqu'aux rédacteurs de la légende que les critiques ont reléguée parmi les traditions d'origine suspecte et parmi les livres apocryphes. En

(1) Ajoutons que Londres possède aujourd'hui une rédaction syriaque fort ancienne des *Actes de S. Thomas*, décrivant son apostolat dans l'Inde, sans omettre le fameux roi Gondaphorus : Mr Cureton a relevé ce livre parmi les manuscrits syriaques du Musée britannique dont il a communiqué les titres à un bénédictin français, le P. Pitra. Voir la publication récente de ce dernier : *Études sur la collection des Actes des Saints*, Paris, 1850 (Dissert. sur les collections hagiographiques, p. XXX).

(2) Voir le tome Ier du Codex de Fabricius (déjà cité), p. 823 et suiv.

attendant la découverte de données quelconques qui se rapportent au même point d'histoire, on conjecturait légitimement qu'un des compagnons de S. Thomas a poussé ses excursions jusqu'au cœur de l'Asie, et qu'on a attribué au maître une tentative qui n'était peut-être le fait que d'un de ses disciples.

§ III.

L'Église au second siècle dans les provinces d'Orient : intérêt historique et dogmatique de la littérature chrétienne de la Syrie; découverte de collections de manuscrits anciens aujourd'hui déposées au Musée Britannique; importance nouvelle des études syriaques en raison de l'accroissement des sources. L'apostolat dans la personne de S. Ignace, évêque d'Antioche et martyr; ses écrits restés des monuments véridiques du christianisme primitif. — Courte histoire du texte grec des Épitres de S. Ignace et de leurs versions latines; controverses du XVIIe siècle et leur résultat favorable à l'authenticité de sept Épitres; publication d'une version syriaque selon laquelle le nombre des authentiques se réduirait à trois; édition d'une version arménienne qui confirme l'opinion reçue sur l'âge et sur la valeur particulière des Lettres citées par Eusèbe. — La Syrie considérée comme foyer de travail intellectuel : formation d'une science religieuse et d'une littérature ecclésiastique. — Traduction complète de la Bible, fondement de l'enseignement dogmatique et source des liturgies : la Version dite Peschito, son ancienneté, sa valeur parmi toutes les versions syriaques d'après les recherches les plus récentes; projet d'une édition complète et critique de cette antique version.

Si nous sortons du siècle de la prédication des Apôtres, et que nous arrêtons nos regards sur leurs successeurs dans l'apostolat chrétien, en Orient comme en Occident, nous le voyons scellé par le martyre, et en même temps nous assistons au spectacle que présentent à cette époque de l'histoire le développement des plus anciennes églises d'Asie, la formation de leurs liturgies et de leur science religieuse, ainsi que l'établissement de leurs institutions destinées à une étonnante perpétuité. La Syrie, devenue chrétienne peu de temps après la mort du Sauveur, a dès lors possédé une histoire originale et indépendante sur laquelle des publications récentes ont attiré l'attention de nos contemporains. L'Église-Mère, qui est née autour du siége d'Antioche et qui est restée le centre d'un des grands patriarcats de l'univers chrétien, a reçu dans ses annales un nouveau lustre des travaux entrepris de nos jours sur la littérature syriaque, travaux jugés considérables parmi ceux qui ont enrichi l'érudition Orientale. Force nous est, pour mettre en œuvre utilement les recherches que nous avons faites sur le fond de ces travaux, de retracer aussi brièvement que possible en tête de nos aperçus les circonstances qui ont amené de date récente la découverte d'un grand nombre de sources du plus haut prix pour l'histoire de la Syrie et de sa littérature chrétienne.

Un amour sincère de la science a porté plusieurs voyageurs anglais d'un grand mérite à explorer de nouveau la partie des déserts de l'Égypte où subsistent encore des monastères, débris de cette espèce de république de solitaires et d'ascètes qui les avaient peuplés à partir du second siècle de notre ère. Si leurs recherches scientifiques furent vaines dans plusieurs monastères autrefois célèbres, ils furent amplement payés de leurs peines par les résultats de leur visite au monastère fort ancien de Nitria : situé dans l'Égypte inférieure, appartenant à l'Égypte dite première parmi les diocèses du patriarcat d'Alexandrie, ce monastère, qui avait été fondé par S. Pacôme et qui était appelé de Ste Marie Mère de Dieu (S. Mariæ Deiparæ), a subsisté jusqu'à nos jours au milieu des sables du désert de Scété, dans la vallée dite des Ascètes *(Askiti)* à cause de la vie pieuse qu'y menaient ses habitants. On sait, que des relations suivies se sont établies entre les cloîtres de l'Afrique et ceux de la Mésopotamie, de la Syrie et de la Palestine dont l'origine n'était pas moins ancienne, et que les moines chassés de ces derniers pays par la violence des Musulmans ont cherché plus d'une fois refuge et protection parmi les cénobites de l'Égypte. Ainsi est-il advenu que le monastère de Nitria, surnommé des Syriens, a hérité plus qu'aucun autre au commencement du moyen âge des richesses littéraires soustraites à la destruction par le zèle de quelques hommes : il fut en 932 redevable au seul Moïse de Nisibe d'une véritable Bibliothèque de patrologie antérieure au IXe siècle. Déjà, dans les premières années du siècle passé, le dépôt de Nitria avait été visité par un des Assémani, qui en avait tiré une collection manuscrite transportée au Vatican et demeurée longtemps unique en son genre dans les bibliothèques d'Europe : de ce nombre étaient les *Codices Nitrienses* que décrit Joseph Assémani au tome Ier de sa Bibliothèque Orientale. Plus de cent ans s'écoulèrent avant que de nouvelles recherches fussent faites dans ce dernier refuge de l'ascétisme chrétien aux frontières de l'Égypte Musulmane : ce furent cette fois des Anglais qui les tentèrent, et avec d'autant plus de persévérance et de succès qu'ils furent soutenus par la munificence de leur nation. Dès 1828, lord Prudhoe, devenu depuis duc de Northumberland, pénétra dans le couvent de Nitria, et l'honorable Robert Curzon, qui s'y rendit en 1838 sur ses traces[1], signala mieux encore l'importance des nombreux manuscrits en épais parchemin qui s'y trouvaient relégués dans un cellier à l'huile malgré le respect superstitieux de leurs propriétaires pour leur antiquité et leur origine. L'année suivante, en 1839, le rév. Henri Tattam, archidiacre de Bedford, si connu par ses travaux sur la langue et la littérature Copte, fit à son tour un séjour à Nitria, et il en rapporta avec des renseignements encore plus précis un spécimen des œuvres littéraires dont les possesseurs n'appréciaient pas tout le prix. En 1842, il y retourna avec l'appui des lords de la Trésorerie, et, s'étant rendu favorable le patriarche Jacobite par le présent d'une édition copte et arabe du Nouveau Testament imprimée pour lui par la société Biblique, il parvint à acquérir une collection de trois cent soixante-six manuscrits syriaques, qui furent réunis le 1er mars 1843 au fonds oriental du Musée Britannique. L'orgueil national n'étant pas encore satisfait, M. Auguste Pacho reçut une nouvelle mission, et il obtint des moines de la vallée de Scété le reste de leur bibliothèque de manuscrits anciens qu'ils avaient soustraits frauduleusement en livrant les autres à M. Tattam : cette partie, qui n'était pas moins considérable que la première, vint enrichir de même la grande Bibliothèque de Londres. Grâce à l'activité et l'habileté de M. William Cureton, un des conservateurs de cet établissement, le public européen a été bientôt initié aux découvertes qu'il a faites parmi tant de précieux textes ; non seulement, il a su déjà en tirer la matière de publications d'un intérêt capital ; mais il a promis des communications plus étendues et non moins importantes pour la théologie, l'histoire et les lettres. Nous nous réservons de parler des livres et des projets de M. Cureton, à mesure que nous avancerons dans notre sujet : maintenant, nous ne faisons qu'indiquer l'accroissement si remarquable des sources originales qui sont désormais offertes à l'étude des écoles savantes dans une seule littérature asiatique.

On aurait quelque peine à ne pas voir un dessein caché de la providence dans l'événement qui a livré ainsi à une grande capitale un trésor inespéré de documents antiques, qui répandront quelque éclat sur les origines du christianisme et sur la naissance des églises orientales ; si Londres vient d'être mis en possession de ce trésor, il doit en résulter une salutaire émulation entre les peuples qui gardent avec orgueil de semblables dépôts. Tandis que l'Angleterre va revendiquer l'honneur de mettre en lumière bien des monuments inestimables de la patrologie et de l'histoire ecclésiastique, la France et l'Italie devront être fières de faire voir le jour à tant de sources orientales qui sont renfermées depuis deux siècles dans la Bibliothèque nationale de Paris et surtout dans la Bibliothèque du Vatican. A ce propos, qui ne croirait légitime d'appeler de tous ses vœux la reprise de ces travaux d'histoire et de critique qui ont fait naguère rejaillir tant de gloire sur la famille des Assémani en même temps que sur les pontifes Romains? Qui ne souhaiterait de voir la docte Italie compléter les grandes publications des illustres Maronites, et joindre à l'analyse des œuvres syriaques une savante enquête sur les œuvres en toute langue que recèlent les bibliothèques de Rome? Il est indubitable, et nos aperçus serviront à le prouver, que la culture de la langue et de la littérature syriaques reprend faveur en Europe : sans parler en détail des études philologiques consacrées à cette langue dans plusieurs livres et dissertations modernes (1), c'est ici le lieu de rappeler qu'un orientaliste éminent, M. Etienne Quatremère en France, et le savant G. H. Bernstein en Allemagne, ont rassemblé depuis longtemps, chacun de son côté, des matériaux considérables pour servir à la lexicographie syriaque (2), et même que le premier, à qui revient en tout cas l'honneur de l'initiative, a dépouillé dans ce but une grande partie des monuments du Vatican transportés à Paris sous l'empire français (3) : puisse la publication d'œuvres consciencieusement faites, comme les leurs, venir bientôt en aide aux études historiques et littéraires qui ont pour objet les églises de la Syrie, les monuments patrologiques qui leur appartiennent et les grandes hérésies dont elles ont été le berceau !

Nous allons établir maintenant de quelle nature est le profit que la science peut attendre de l'investigation des sources récemment acquises, avant d'en donner quelques exemples dignes d'attention : d'une part, c'est la découverte d'ouvrages originaux en syriaque inconnus jusqu'ici, ainsi que d'ouvrages grecs, traduits en cette langue, mais dont le texte s'était perdu ; d'autre part,

(1) De ce nombre sont la grammaire de Hoffmann, et les traités de Lorsbach, Arnoldi, Uhlemann, Agrell, Zingerlé, etc.

(2) Le *Lexicon Syriacum* de Castell n'a reçu de J. D. Michaelis (Gœttingen, 1788, 2 part. in-4°) qu'un petit nombre d'additions, de sorte qu'il ne répond aucunement aux besoins actuels de la philologie.

(3) Le *Dictionnaire syriaque-latin* de M. E. Quatremère, terminé depuis de longues années et qui doit former deux tomes gr. in-4°, n'a pas trouvé d'éditeur jusqu'ici faute de souscriptions. V. le *Journal asiatique*, tome IV, 3e série, 1837, p. 589-92.

c'est la mise en œuvre de manuscrits anciens qui offrent de nouvelles ressources à la critique pour l'interprétation ou la restitution de textes demeurés incomplets. C'est dire suffisamment tout ce que les études patrologiques et historiques ont à gagner à cette exhibition inattendue des archives monastiques de l'Orient chrétien.

Il est tout d'abord un nom auquel nous devons nous arrêter et sous les auspices duquel nous entreprendrons notre esquisse de l'état intellectuel de la Syrie et des provinces voisines sous l'influence du christianisme. C'est celui de S. Ignace, évêque d'Antioche; nous parlerons ici de sa carrière, mais surtout de ses écrits, qui sont, comme chacun sait, au nombre des monuments littéraires les plus importants pour la connaissance de la primitive Église. Certes, il n'est pas besoin d'insister sur l'intérêt que présente en elle-même la vie de ce pontife qui a pris rang parmi les Pères apostoliques : rien ne contredit la tradition qui le fait disciple de l'apôtre S. Jean et qui le met en rapport avec plusieurs autres disciples du Christ; il n'est pas moins certain qu'il a occupé après S. Pierre et S. Evode le siége épiscopal d'Antioche pendant quarante-cinq ans (69-107). De plus sa sainteté lui a fait donner le surnom de *théophore*, θεοφόρος, « portant Dieu » dans son âme (1), comme il s'est nommé lui-même à Trajan qui l'interrogeait et de même en tête de toutes ses Épitres, pour exprimer son union d'amour avec Dieu. Si l'on ignore les faits saillants qui ont pu marquer son administration de l'Église syrienne, son voyage d'Antioche à Rome, quand il eut été condamné à mort par l'empereur, est l'objet d'un des plus beaux récits qui nous soient venus du commencement de l'antiquité chrétienne, et son martyre un des actes mémorables parmi tant d'héroïques sacrifices du même temps.

Le supplice de S. Ignace n'est, il est vrai, qu'un seul exemple pris entre mille qui remplissent les annales de l'époque; avec Ignace furent martyrs au second siècle, comme les Apôtres l'avaient été dans le premier, S. Siméon, évêque de Jérusalem, plus tard S. Polycarpe, évêque de Smyrne, et les chefs d'autres églises également célèbres. Mais, en relatant le martyre auquel se préparait l'évêque d'Antioche quand il écrivait ses admirables

(1) Quelquefois ce surnom a été transcrit en syriaque exactement sous sa forme grecque; d'autres fois, il a été rendu par l'expression : « revêtant Dieu » ou « revêtu de Dieu. » C'est à cette dernière figure que s'est attaché invariablement le traducteur arménien.

Épitres, nous provoquons tout homme qui étudie profondément l'histoire à considérer de plus près toute la grandeur du dévouement dans les premiers pasteurs de la chrétienté naissante, leur mort saintement héroïque mettant le sceau aux labeurs de leur vie toute remplie de saintes et généreuses actions. On ne nous dira pas que c'est un hors d'œuvre de réclamer en leur faveur l'impartialité dont on se glorifie aujourd'hui en histoire, puisque si souvent des écrivains qui prétendent prendre la science au sérieux leur opposent les personnages les plus suspects et les plus décriés, voire même des imposteurs des temps de la décadence payenne. A ceux qui, sur la foi des Encyclopédies (1), osent comparer le rôle d'un Apollonius de Tyane et ses prétendus prodiges à la mission et aux miracles de Jésus-Christ, et leur attribuer « une inspiration également noble et pure », on est en droit de demander si la vie d'Apollonius peut soutenir le parallèle avec celle d'un seul des pontifes et martyrs qui ont livré trois siècles de combats pour établir le règne de la vérité chrétienne. Quiconque établira un parallèle de ce genre avec sincérité apercevra sans peine de quel côté est la vertu véritable, à qui appartient la grandeur morale et avec elle la puissance civilisatrice. Ces réflexions, nous osons le croire, seront justifiées par l'impression que doit produire sur tout esprit droit le récit d'une fin glorieuse comme celle de l'évêque d'Antioche : car la relation de son martyre nous est parvenue dans une rédaction à la fois simple et énergique que plusieurs langues ont reproduite, comme nous le dirons plus loin, et à laquelle elles ont conservé un cachet non méconnaissable d'ancienneté.

Cependant, s'il est juste d'attacher beaucoup de prix à cette relation qui nous montre dans Ignace une des imposantes figures de l'âge apostolique, un intérêt et un respect plus grands encore sont dûs au recueil d'*Épitres* que la tradition met sous son nom et rapporte à l'an 107, la dernière année de sa vie. Personne n'ignore que ce recueil a été l'objet de savantes et vives controverses dans les derniers siècles, autant qu'aucun monument ancien de la littérature ecclésiastique; mais, quoique ces controverses aient cessé de longue date, voici qu'une solution plus satisfaisante et plus durable est assurée aux questions les plus ardues soulevées autrefois par la critique : elle proviendrait des nouveaux textes de ces Épitres dans des langues asiatiques que l'on a découverts depuis peu d'années. Vu l'importance des

____

(1) P. Leroux, *Encyclopédie nouvelle*, au mot *Apollonius*.

Épitres de S. Ignace pour l'histoire des églises orientales, et plus encore pour l'étude historique de la dogmatique chrétienne, on ne nous fera point de reproche, nous l'espérons, d'avoir ici exposé avec quelques détails les résultats obtenus dans leur critique à l'aide des versions Syriaque et Arménienne qui viennent d'être mises au jour avec grand soin. On verra que les progrès de la philologie orientale permettent de porter désormais dans les recherches faites à leur sujet une clarté et une précision qui ont manqué jusqu'ici aux conclusions des meilleurs travaux. Déjà, il y a six ans, Dom J. B. O. Pitra, membre distingué de l'ordre des nouveaux Bénédictins de France, résumait dans un recueil estimable les anciennes controverses relatives aux Épitres de S. Ignace (1), à propos de la première publication de M. Cureton (1845) dont nous parlerons bientôt, et qui devait être le signal de nouvelles études polémiques. La question ayant fait depuis lors de grands pas, nous allons relever les principaux traits qui en composent l'histoire littéraire, avant d'en exposer les nouveaux incidents.

Toute recherche, toute discussion relative aux *Épitres* de S. Ignace a pour point de départ ce fait sur lequel la tradition est unanime et contre lequel la critique la plus défiante essaierait en vain de protester : c'est la composition de lettres adressées aux fidèles de plusieurs villes par l'évêque d'Antioche à l'époque de son voyage à travers l'Asie Mineure et la Grèce jusqu'en Italie. Aux témoignages anciens de S. Polycarpe, de S. Irénée et d'Origène sur l'existence de ces lettres vient s'ajouter l'assertion formelle d'Eusèbe qui, dans son *Histoire ecclésiastique* (2), en cite et en énumère sept qui se sont conservées sous les mêmes titres. Ces témoignages reçoivent une éclatante confirmation des nombreux écrivains qui, dans les siècles suivants, en Occident comme en Orient, ont invoqué les *Épitres* de S. Ignace comme des documents de la plus grande autorité; puis, du Xᵉ au XVᵉ siècle, s'étend la chaîne des citations authentiques qui les rattachent à la tradition de la première période du christianisme. Mais, si l'on a généralement admis dans toutes les communions chrétiennes l'existence de ces *Épitres*, il s'est formé

---

(1) Son travail analytique est distribué en six articles qui ont paru en 1845 et en 1846 à Paris dans l'*Auxiliaire catholique*, tomes II, III et IV.

(2) Liv. III, ch. 56. V, ch. 8. — Ce sont, avec l'Épitre à S. Polycarpe, les Épitres aux Éphésiens, aux Romains, aux Tralliens, aux Magnésiens, aux Philadelphiens, aux Smyrniens.

dans les temps modernes des opinions fort diverses sur leur nombre et sur leur authenticité. Il est clair que leur texte a subi de graves interpolations dès le Ve et le VIe siècles : de même que plusieurs monuments d'une antiquité non moins haute, il s'est accru probablement dans quelques exemplaires des gloses qui n'avaient servi d'abord qu'à le commenter, et d'autre part, comme nous le verrons, il a pu quelquefois être abrégé au gré des copistes ou dans l'intérêt de l'une ou l'autre secte. Ainsi s'explique assez bien l'origine des deux rédactions grecques des *Épitres* : l'une plus courte, conforme sans doute au texte original, à en juger par la simplicité et l'enchaînement qu'on y remarque; l'autre plus longue, paraphrase de la première selon toute apparence, chargée d'interpolations que trahissent quelques anachronismes.

C'est seulement au XVIIe siècle que les érudits ont entrepris des discussions sérieuses sur l'origine des différents textes de S. Ignace tour à tour découverts : on n'avait publié jusqu'alors que le texte grec paraphrasé des *Épitres*, ainsi que des versions latines se rapportant à des textes qui variaient dans leur étendue et même dans leur contenu; et si l'on s'accordait sur l'authenticité de six ou de sept Épitres, on défendait des thèses fort différentes sur la nature des interpolations qu'accusait la dissidence des textes grecs et latins seuls connus jusqu'alors (1). Quand Isaac Vossius eut trouvé dans la Bibliothèque de Florence et publié à Amsterdam en 1646 une rédaction du texte grec plus courte et mieux liée que la première, conforme d'ailleurs à une version latine découverte et imprimée deux ans auparavant par le savant Usher ou Ussérius, le monde savant se prononça en faveur de cette rédaction ; elle fut regardée comme le fondement des études patristiques touchant S. Ignace, et l'opinion qui avait accueilli comme authentiques les sept Épitres indiquées par Eusèbe fut appuyée sur de nouveaux arguments. Qu'il nous suffise de rapporter les paroles par lesquelles Vossius a exprimé dans sa préface sa conviction sur ce point : « Plus je relis Ignace, « dit-il, plus j'y reconnais des traits de sincérité; c'est l'élégante simplicité

---

(1) Qu'on nous permette de rapporter incidemment que le P. Pierre de Halloix, de Liége, qui s'était fait l'apologiste de S. Ignace dans son Histoire des écrivains du 1er siècle (*Illustrium ecclesiæ Orientalis scriptorum Vita*, etc. T. I, Douai, 1655, p. 455), préparait un ample commentaire sur XII *Épitres* de ce Père, quand il est mort à Liége en 1665. V. Foppens, *Bibliotheca Belgica*, part. II, p. 982.

« de son siècle; c'est une parfaite harmonie de convenance et de vérité entre
« les choses et les paroles ; c'est le zèle et le feu d'un martyr, surtout dans
« l'Épitre aux Romains ; ce sont les traits irrécusables de l'auteur. »

N'importe la valeur des arguments qu'avait fournis l'étude du texte de Vossius, les dénégations parties de quelques écoles protestantes n'en furent pas
moins répétées : comme cette rédaction grecque renferme bon nombre de
passages dogmatiques importants, relevés déjà auparavant dans les autres
rédactions des mêmes épitres, quelques voix nièrent encore que ce fût
l'œuvre véritable de S. Ignace, remontant aux premières années du second
siècle. L'Angleterre avait voué de patientes études aux textes des épitres, au
point de vue de l'histoire traditionnelle des croyances chrétiennes : Jacques
Usher, archevêque d'Armagh, qui avait donné en 1644 une édition des
épitres de S. Ignace enrichie d'une version latine plus courte que les autres,
publia à Londres en 1647 son *Appendix Ignatiana*, où il prit à cœur de démontrer la supériorité du manuscrit de Florence. Ce fut l'Église anglicane
qui prit aussi la défense de cette précieuse collection patrologique contre les
presbytériens Jean Daillé et David Blondel, contre Claude Saumaise et contre
des adversaires de toute classe également ennemis de la hiérarchie et niant
l'ancienneté de textes où les évêques sont distingués d'avec les prêtres et les
diacres ; l'évêque de Chester, Pearson, répondit d'une manière supérieure
dans ses *Vindiciæ* (1672) aux attaques les plus hardies dirigées contre
S. Ignace et son œuvre : on a reconnu que les prélats anglicans avaient en
cette circonstance défendu avec autant d'énergie que de savoir les droits de
la tradition (1). Le texte de S. Ignace a passé avec les travaux qui en avaient
favorisé la restitution dans les recueils patrologiques les plus estimés (2). Plus
tard encore les savants du continent ont mis à profit plusieurs éditions de ce
texte également faites en Angleterre : Aldrich en publiait une à Oxford en
1708, et Thomas Smith y donnait la sienne en 1709 avec les notes de Pearson (3) ; c'est de même à Oxford que Guill. Jacobson publiait en 1838 les

(1) Don Ceillier n'eut qu'à traduire Pearson pour réfuter Basnage, quand celui-ci
voulut renouveler la polémique *(Hist. des auteurs ecclés.*, tome 1er, p. 623-66).

(2) Par ex. dans le recueil de J.-B. Cotelier : *SS. Patrum qui tempor. apostol.
floruerunt opera*, etc. (Paris, 1672, tom. II).

(3) Ces éditions ont été suivies par André Galland dans sa *Bibliotheca Veterum
Patrum* (Venise, 1765, tome Ier), et par les éditeurs modernes des *Patres apostolici*,
jusqu'au Dr Hefele de Tubingue qui a donné la troisième édition de son recueil
classique en 1847.

lettres de S. Ignace revues sur les principaux manuscrits grecs. Il est digne de remarque que l'Angleterre qui avait combattu jadis pour cette œuvre de l'antiquité chrétienne a voulu rompre de nouveau des lances pour la même cause dans le temps présent, ainsi que nous le dirons bientôt.

Mais il ne fera pas superflu, avant d'aller plus loin dans ce compte-rendu, d'insister quelque peu sur la valeur intrinsèque du recueil des *Épitres* de S. Ignace, comme elle est envisagée aujourd'hui. Non seulement elle a été justement appréciée par tout ce que l'Allemagne catholique compte de théologiens distingués; mais encore elle a été défendue par la critique conservatrice de quelques universités protestantes. Bornons-nous à dire qu'un lauréat de l'université de Gottingue, Fréd. Dusterdieck, a soutenu l'affirmative dans son mémoire publié en 1843 dans cette ville (1), qu'il a signalé dans le texte des *Épitres* quelques rares et légères altérations qui ne nuisent ni à leur autorité, ni à leur authenticité, mais qu'il a formellement reconnu « l'harmonieuse et perpétuelle unité » qui y règne. Ajoutons à cela que plusieurs théologiens luthériens ont fait du texte de S. Ignace l'objet de leurs cours, à l'exemple du Dr Thilo, qui l'a réimprimé à Halle en 1831 expressément dans ce but. Nous citerons d'autre part quelques autorités qui représentent le mieux la science orthodoxe et qui ont adhéré en cette question à la tradition demeurée constante dans l'Église catholique : c'est ainsi que le Dr Henri Klee, un des théologiens éminents de notre époque, a invoqué à diverses reprises les *Épitres* de S. Ignace dans ses deux ouvrages, la *Dogmatique* et l'*Histoire des dogmes chrétiens*. Mais nous mentionnerons par dessus tout les belles pages consacrées aux écrits de S. Ignace dans l'œuvre posthume du célèbre J. A. Mœhler, qui a enseigné avec tant d'éclat à Tubingue et à Munich : *la Patrologie ou Histoire littéraire des trois premiers siècles de l'Église chrétienne* (2). Il faut y lire non seulement les raisons externes qui garantissent l'ancienneté des *Épitres*, mais encore les signes internes auxquels on reconnaît le mieux leur authenticité. Nous ne reprendrons ici

(1) *Quæ de Ignatianarum epistolarum authentia duorumque textuum ratione et dignitate hucusque prolatæ sunt sententiæ enarrantur et dijudicantur Commentat.* 1843, 4º. — V. sur la controverse ignatienne en Allemagne avant 1846 le 2e art. du P. Pitra, t. III de l'*Auxiliaire cathol.*, p. 90-92.

(2) Ouvrage publié en allemand en 1841 et traduit en français en 1843, réimprimé dans la *Bibliothèque historique et littéraire*, Louvain, 1844. — Tome Ir, 1re partie, *les Pères apostoliques*.

sommairement quelques unes des considérations de Mœhler que pour amener d'autant mieux les faits nouveaux que nous nous sommes engagés à rapporter.

La profondeur et la ferveur qui distinguent la composition des *Épitres* sont dignes de S. Jean dont S. Ignace est réputé le disciple; l'évêque est d'accord avec l'apôtre dans ce qu'il écrit touchant le Verbe, le Λόγος. Ses lettres renferment des allusions vraies à deux partis extrêmes qui avaient surgi dans l'Église dès la fin du premier siècle, aux intrigues des chrétiens judaïsants et aux tentatives des Docètes précurseurs des Gnostiques. Le langage de St Ignace est explicite sur la divinité de Jésus-Christ, qu'il appelle Dieu, éternel, incréé, et sur la réalité de son incarnation; il n'est pas moins remarquable de précision touchant l'unité de l'église visible, l'institution divine de la dignité épiscopale, et le respect dû aux évêques et aux membres inférieurs de la hiérarchie. Si les passages des sept lettres relatifs à ces points essentiels ont été plus d'une fois contestés, il n'en est pas moins vrai, comme l'a observé Mœhler, que ces passages sont étroitement liés à l'ensemble du texte, de sorte que leur retranchement compromettrait l'intelligence de l'œuvre entière : est-il besoin de dire après cela combien est délicate à cet égard la tâche de l'exégèse philologique qui procède par la comparaison des textes et des versions ?

Nous passons maintenant à un court inventaire des instruments nouveaux fournis à la science pour soutenir et fortifier mieux encore l'authenticité des *Épitres* de S. Ignace déjà fondée sur tant de raisons. L'un des premiers fruits des recherches de M. Cureton dans le fonds syriaque déposé en 1843 au *British-Museum* a été la découverte du texte de trois épîtres dans des manuscrits vraiment anciens, portant la date du cinquième ou du sixième siècle : ce sont les *Épitres* de S. Ignace à S. Polycarpe, aux Éphésiens et aux Romains (1). Le vigilant conservateur des manuscrits orientaux de Londres n'a pas tardé à faire part au public de sa découverte, en joignant au texte syriaque des trois épîtres des fragments tirés d'écrivains syriens des siècles littéraires de leur nation, et en l'accompagnant du texte grec modifié et d'une traduction anglaise (2). Le rév. Cureton, publiant ce livre en 1845,

(1) Qu'on n'oublie pas que l'épître aux Romains où S. Ignace sollicite le martyre avec tant d'ardeur avait excité maintes fois les susceptibilités de la critique au plus haut degré.

(2) *The ancient syriac version of the Epistles of S. Ignatius, to S. Polycarp, the Ephesians and the Romans;* together with extracts from his epistles, collected from

le dédiait à l'archevêque de Cantorbéry comme une richesse désormais acquise à la défense de la tradition chrétienne; il s'y étend dans la préface sur l'importance de documents de ce genre dont les savants anglais du XVII⁰ siècle avaient deviné l'existence dans les principaux monastères du Levant, mais que plusieurs voyageurs, parmi lesquels l'infatigable Huntington, y avaient toujours cherchés vainement. Il y disserte sur le mérite supérieur que possède selon lui la version syriaque des trois épîtres citées, et sur les conclusions décisives qu'elle lui semble fournir pour la critique de l'ensemble des lettres de S. Ignace. Nous rapporterons brièvement à quel point de vue M. Cureton a placé tout d'abord ses lecteurs.

L'habile orientaliste qui appartient aujourd'hui à la hiérarchie anglicane comme chapelain ordinaire de S. M. la Reine a porté dans tous ses travaux un grand respect pour les monuments de la patrologie, et nous verrons qu'il leur a voué la meilleure partie de son activité littéraire. A l'exemple des théologiens de son Église, il a abordé de nouveau la controverse ignatienne avec des intentions droites et dans des vues de conservation : mais, de fait, il a sacrifié trop promptement toutes les autres lettres de S. Ignace aux trois épîtres qu'il a publiées en syriaque. Constatant que le texte sémitique est plus bref encore que la rédaction grecque la plus courte et tenue pour l'original (1), M. Cureton a conclu la supériorité de ce texte sur tous les autres, et il a attribué aux trois épîtres une incontestable authenticité en la refusant au reste de la collection, même aux quatre autres lettres jugées authentiques au même titre. Il a fait remarquer que le témoignage des trois premières gagne de cette façon en valeur, et cela sur des points souvent controversés, par exemple l'établissement d'une hiérarchie ecclésiastique et l'ancienneté des passages de l'Évangile cités dans leur texte. La critique de M. Cureton conserve donc à une partie des épîtres l'autorité qu'elles ont toujours eue comme garants de la tradition. Cependant ses déductions n'ont pas rencontré de toutes parts le même assentiment.

the writings of Severus of Antioch, Timotheus of Alexandria and others, edited with an english translation and notes, also the greek text of these three epistles, corrected according to the authority of the syriac version. — London, Rivington, 1845. Un vol. in-8⁰, pp. XL-108.

(1) Le texte du manuscrit de Florence aurait été, selon lui, interpolé fortement entre les années 330 et 560, et cependant c'est à ce texte que font allusion les meilleurs écrivains des Églises grecque et latine dans ce siècle et dans les suivants.

Dès la fin de l'année 1845, un article anonyme de l'*English Review* discutait sévèrement les titres de la version syriaque des Épitres et l'opinion soutenue par son éditeur M. Cureton sur ses caractères irréfragables d'authenticité (1) : on a reconnu dans les argumentations de ce morceau l'érudition éprouvée du Dr Christophe Wordsworth, archidiacre de Westminster. Bien que le texte syriaque renferme encore certain nombre de passages dogmatiques d'une grande portée, il n'offre plus un résumé de la doctrine chrétienne comme celui que présente la rédaction grecque. Si l'on en juge par l'enchaînement des idées, les trois épîtres auraient été soumises à un travail de mutilation et d'élimination ; on a pu y compter jusqu'à quatre-vingt-deux passages supprimés ou transposés de manière à nuire au sens. Mais les sources syriaques ont mis entre les mains de M. Cureton d'autres fragments des mêmes épîtres qui permettent de mieux juger leur seule rédaction aujourd'hui intégralement publiée : ces fragments tirés d'auteurs du VIe siècle, Sévère, patriarche d'Antioche, et Timothée, évêque d'Alexandrie, sont étrangers à la version écourtée des trois épîtres ; ils supposent une version conforme au texte grec réputé le plus ancien, et alors reçue dans l'Église même de S. Ignace. Comme il n'y a pas de preuve que les Syriens aient mutilé d'anciens textes au IVe siècle, ou serait porté à croire que la version syriaque remaniée et abrégée est l'œuvre d'une époque postérieure où commencèrent les travaux d'abréviation qui dominèrent dans le moyen âge byzantin : en conséquence, le Dr Wordsworth donne les trois épîtres comme l'œuvre d'un moine monophysite du VIe siècle, contemporain du célèbre Jacob Baradaï qui a laissé son nom à la secte des Jacobites (2). Il s'efforce d'établir son assertion sur les procédés littéraires des membres de cette secte et sur la nature des modifications qu'ils avaient intérêt à introduire dans un monument aussi vénéré que les lettres de S. Ignace : les fragments déjà cités des mêmes épîtres, observe-t-il encore, n'ont pas de traces de mutilations semblables à celles qu'il a été facile de constater dans la rédaction imprimée. Le Dr Hefele, de la faculté de théologie catholique à Tubingue, a émis une opinion analogue à celle de Wordsworth, en soutenant que la dite version n'a pu avoir pour auteur qu'un moine qui aura pris dans un but pieux le rôle d'abréviateur ; G. Jacobson, professeur royal de théologie à Oxford, a donné son adhésion à la même conjecture qui

(1) N° VIII, décembre 1845, p. 309. — On peut lire dans l'*Auxiliaire cathol.*, t. IV, p. 244 suiv., p. 310 suiv., une analyse détaillée du travail de Wordsworth.

(2) « A miserable Epitome by an Eutychian heretic. »

exprime une réserve assez formelle (1), si l'on ne va pas jusqu'à admettre des altérations dictées par un esprit d'hérésie.

Quoi qu'il en soit, l'éditeur anglican du texte syriaque n'a pas voulu laisser peser plus longtemps sur le traducteur de S. Ignace l'accusation d'hérésie que l'on avait tirée de la version récemment publiée ; il a consacré tout un livre à venger de ce côté la mémoire de l'évêque d'Antioche (2). Non seulement M. Cureton a recueilli les suffrages de plusieurs membres de l'église anglicane, entr'autres du Dr Lee de Cambridge ; mais il a vu reprendre et développer sa thèse sur l'authenticité exclusive des trois épitres syriaques par un homme justement célèbre dans la science comme dans la politique. Le chevalier Chr. Bunsen, ambassadeur de Prusse à la cour de Londres, a restitué le texte des sept épitres reçues, dont trois seulement lui semblent authentiques (3), et à cette occasion, sous la forme de lettres adressées au Dr Aug. Neander, il a mis au jour une monographie qui embrasse la carrière de S. Ignace et l'époque où il a vécu (4). L'appui prêté à l'opinion de M. Cureton par le savoir de M. Bunsen n'a pas suffi pour la préserver d'attaques venant de rangs opposés à ceux de ses premiers adversaires : la critique négative de quelques écoles allemandes a eu cette fois encore pour interprète Baur (5), théologien de la faculté protestante de Tubingue, qui a combattu ouvertement l'espèce de transaction suivant laquelle une faible partie de son héritage séculaire serait laissée à un des premiers docteurs de l'antiquité apostolique ; c'est assez dire que l'école de Baur rejette même les trois épitres dont il s'agit ici.

La polémique avait produit ces conclusions diverses, quand M. Cureton se décida à publier une nouvelle édition de la version syriaque des trois épitres, dont il avait trouvé un exemplaire aussi ancien que les premiers dans la

(1) Le premier dans les *Prolegomena* de sa 3e édition des *Patres apostolici* (Tubingue, 1847, p. LVIII) ; le second, dans la préface de sa dernière édition du même livre.

(2) *Vindiciæ Ignatianæ, or the genuine Writings of S. Ignatius, as exhibited in the ancient Syriac Version, vindicated from the Charge of Heresy.* London, 1846, 8°.

(3) *Die drei ächten und die vier unächten Briefe des Ignatius : hergestellter und vergleichender Text mit Anmerkungen.* Hamburg, 1847, pp. XXVI-167, gr. 4°.

(4) *Ignatius von Antiochien und seine Zeit.* Hamb., 1847, pp. VII-245, gr. 4°.

(5) *Die Ignatianischen Briefe und ihr neuester Kritiker. Eine Streitschrift gegen Bunsen.* Tübingen, 1848, 8°.

seconde collection des manuscrits de Nitria, entrée en 1847 au Musée Britannique ; il l'enrichit d'une comparaison des textes grecs et latins de toutes les épitres, ainsi que d'un appareil critique composé des fragments recueillis dans différents écrivains syriens inédits et de tous les témoignages des auteurs chrétiens jusqu'au Xe siècle en faveur de S. Ignace. Dans sa seconde publication, qui vit le jour en 1849 et qui mérite bien par son ampleur le titre de *Corpus Ignatianum* (1), il a maintenu sa première opinion sur l'authenticité des seules épitres syriaques, et il l'a même défendue expressément par l'étude comparative de quelques textes, sans cependant entrer dans la discussion approfondie d'aucune question théologique. Mais, comme on va le voir, les débats qu'on a soulevés sur ce point important d'histoire littéraire, sont entrés presque en même temps dans une nouvelle phase par la publicité donnée à une autre version orientale des *Épitres* de S. Ignace.

Le texte arménien des lettres de l'évêque d'Antioche avait été imprimé à Constantinople l'an 1783 d'après cinq manuscrits réputés anciens ; mais il était resté inconnu aux critiques de l'Occident qui se sont occupés depuis lors de l'étude des *Épitres*. Ce fut il y a peu d'années la découverte de la version syriaque qui fit pressentir à quelques savants de quel prix pouvait être la version arménienne plus complète, et donnée par les PP. Mékhitaristes comme une des traductions classiques du Ve siècle (2). M. F.-H. Petermann, professeur à l'Université de Berlin, annonça dès l'an 1846 dans une séance de la Société Orientale d'Allemagne l'intention de faire une étude spéciale de cette version arménienne comparée avec les textes connus de S. Ignace (3), et déjà il protestait contre la sentence absolue que M. Cureton venait de porter au sujet des épitres non retrouvées en syriaque. La même année où le savant anglais imprimait son *Corpus ignatianum* sans prendre garde aux observations de l'arméniste allemand, celui-ci faisait paraître son travail critique

(1) Corpus Ignatianum : *a complete collection of the Ignatian Epistles, genuine, interpolated and spurious*, together with numerous extracts from them, as quoted by ecclesiastical writers down to the tenth century ; in syriac, greek, and latin : an english translation, copious notes, and introduction. — London, Rivington. — Berlin, Asher, 1849, pp. XVIII-LXXXVIII-365, royal 8°.

(2) Sukias Somal, *Quadro delle opere di vari autori anticamente tradotte in armeno*, p. 10-11 (*Venezia*, 1825, 8°).

(3) *Jahresbericht der D. Morgenl. Gesellschaft für 1846*, p. 198-203.

d'un haut intérêt, basé sur le rapprochement de tous les textes (1). Voici quels procédés a suivis M. Petermann dans le maniement de si abondants matériaux : constatant que les treize épitres, conservées en arménien (2), offrent le plus d'analogie avec le texte grec établi sur le manuscrit des Médicis, il a rattaché à ce texte les phrases correspondantes de la version arménienne traduites littéralement en latin, et il les a commentées à l'aide de la version syriaque des trois épitres, et des versions latines du recueil entier; le récit du martyre de S. Ignace en arménien, traduction d'un âge postérieur (3), complète la consciencieuse publication de toutes les pièces qui peuvent être utiles aux débats.

Les investigations auxquelles s'est livré le Dr Petermann lui ont fourni les résultats suivants : d'une part, la version arménienne aurait eu pour modèle la version syriaque des *Épitres*; c'est ce que prouvent par exemple dans la première les idiotismes du langage et la construction des phrases, la manière de rendre les composés grecs par des périphrases comme l'exige le génie des langues sémitiques, l'orthographe des noms propres, et jusqu'aux méprises provenant d'une intelligence incomplète de quelques passages syriaques chez le traducteur arménien. D'autre part, tout s'accorde pour confirmer la tradition sur la date de cette version, le Ve siècle : la langue y est généralement pure comme dans les compositions du même âge; les noms propres y sont écrits dans leur forme la plus ancienne; les passages cités de l'Écriture, qui diffèrent des mêmes endroits de la traduction classique de la Bible, font supposer la traduction des *Épitres* antérieure à celle-ci dans le même siècle; enfin, on ne voit pas que des ouvrages importants, sauf des martyrologes, aient été traduits postérieurement à cette époque littéraire du syriaque en arménien.

(1) *S. Ignatii patris apostolici quæ feruntur epistolæ una cum ejus martyrio. Collatis edd. græcis versionibusque syriaca, armeniaca, latinis, denuo recensuit etc.* Lipsiæ, Vogel, 1849, pp. XXVI-565, in-8°.

(2) Outre les sept épitres authentiques que j'ai citées plus haut, il en existe six autres en arménien : une de Marie dite Castabalite à S. Ignace et sa réponse à Marie, puis des lettres aux habitants de Tarse, d'Antioche, de Philippes, et enfin au diacre Héron.

(3) Cette traduction qui renferme l'Épitre aux Romains toute entière avait été imprimée intégralement dans le recueil arménien des *Vies et martyres des Saints* formé par les soins du P. J.-B. Aucher (tome X, Venise, 1814, p. 72-107).

Il n'y a donc pas de doute que la **version** arménienne des *Épitres* ne soit une œuvre vraiment ancienne : seulement elle a été corrigée dans la suite des temps par des copistes qui consultaient l'une ou l'autre des rédactions grecques, et ce sont des corrections de ce genre que les éditeurs ont reçues vraisemblablement dans le texte là où on reconnaîtrait des traces d'interpolation. Si c'est un fait que les *Épitres* arméniennes ont un coloris syrien sur lequel on aurait peine à se méprendre, elles semblent avoir été calquées sur une version syriaque non moins étendue qu'elles le sont elles-mêmes, et plutôt semblable au texte grec adopté depuis deux cents ans comme le meilleur. Par conséquent, on a lieu de croire qu'il a existé dans l'église de Syrie une ancienne version des Épitres datant probablement du second siècle, qui est celui où sa littérature chrétienne a pris un premier essor : c'est ce qu'atteste le contenu de la version arménienne qui n'a pu avoir d'autre modèle; c'est ce que montrent, d'un autre côté, les fragments syriaques recueillis dans divers auteurs et dont la langue ne contredit en rien cette donnée chronologique. Il ressort assez de ces considérations que MM. Cureton et Bunsen ont attribué au texte publié des trois lettres syriaques une trop grande valeur intrinsèque, comme s'il était la mesure absolue de toute critique relative à la collection entière des *Épitres.* Il faut encore en tirer cet enseignement qu'il serait imprudent désormais d'accepter sans contrôle les versions syriaques provenant des monastères d'Égypte, puisque des copistes ont pu en modifier le texte dans le Ve ou le VIe siècle, alors que les doctrines de Nestorius et d'Eutychès se sont répandues dans les chrétientés du Levant : car on a quelque droit de demander avec un spirituel écrivain, si, à ce point de vue, bien des traductions syriaques ne seraient pas devenues un lit de Procuste pour les œuvres des anciens Pères.

Ainsi les études les plus récentes, favorisées par la publication de documents inédits, tendent à confirmer l'authenticité attribuée par la science européenne à sept Épitres parmi toutes celles qui se sont conservées (1); si les six autres ne peuvent prétendre à ce titre d'authentiques, du moins ce sont des œuvres produites dans les premiers siècles du christianisme à l'imitation des véritables Épitres de S. Ignace. Ajoutons qu'il est en tous

---

(1) En témoignage de ce fait, le prof. H. Denzinger écrivait à Würzbourg, en 1849, son traité *sur l'authenticité du texte jusqu'ici reçu des Lettres Ignatiennes* (pp. V-108, in-8°. en allem.).

points vraisemblable que les sept *Épitres* ont été traduites du grec en syriaque dans le siècle même du martyre de l'évêque d'Antioche. Que ces Épitres aient été rédigées en grec, on ne saurait en douter, puisqu'elles sont adressées la plupart à des villes grecques de l'Asie Mineure, et d'ailleurs leur style a conservé l'empreinte du goût oriental autant que celle du génie particulier de l'auteur (1); il est serré, concis, coupé en membres très-courts à la manière des versets du style sémitique, et il se distingue par une vigueur d'expressions et une vivacité d'images qu'on ne rencontrerait que fort rarement dans les œuvres de la patrologie grecque : imitateur de S. Paul, l'évêque syrien s'est montré écrivain original, fidèle à l'esprit de sa nation.

Il n'est pas besoin de prouver davantage que les meilleures publications faites de nos jours touchant les écrits de S. Ignace ont fortifié la conviction que l'on s'était formée dans le monde chrétien sur l'authenticité de la partie qui en est la plus précieuse : il est certes digne de remarque qu'aujourd'hui, comme il y a deux siècles, les travaux entrepris avec sincérité par des membres des communions chrétiennes dissidentes ont abouti aux conclusions qu'une sage critique a naguère adoptées et défendues au nom de l'orthodoxie. L'ensemble des textes anciens des *Épitres* présente encore, il est vrai, plus d'un point d'étude et même plus d'un sujet de controverse, ne fût-ce que pour mettre à profit les particularités qui sont propres aux anciennes versions orientales : il réclame donc de nouveaux commentaires qui s'approprient à la défense de la tradition avec la rigueur que l'on porte de nos jours dans les sciences historiques.

L'histoire littéraire de la Syrie chrétienne est une mine féconde ouverte au zèle de nos écoles; elle est riche en études non moins intéressantes que celles dont les écrits d'un de ses grands pontifes ont été l'objet; c'est en effet dans cette contrée que le Christianisme a joui de bonne heure d'une influence décisive sur la vie des peuples, et en même temps qu'il y a constitué librement sa hiérarchie, il y a jeté les fondements d'une littérature ecclésiastique sur laquelle bien des nations converties plus tard ont formé la leur. Tout ce qui appartient aux annales de la Syrie dans les deux premiers siècles doit être recueilli avec grand soin, puisque la voix de ses docteurs est pour nous un écho de celles qui ont retenti auprès du berceau de

(1) Pearson l'a établi avec beaucoup d'érudition dans ses *Vindiciæ*, et Mœhler a insisté de même sur ce point.

l'Église. Aussi la science romaine a-t-elle tourné à diverses reprises ses efforts de ce côté avec l'assurance d'y découvrir de nouvelles richesses et de nouvelles armes : grâce à ses relations avec les monastères du Liban et au concours de Maronites instruits, elle a restitué avec succès cet âge héroïque de la foi dont la scène était dans la plus belle partie du Levant. Archives épiscopales, actes des martyrs, œuvres liturgiques, travaux des cloîtres, elle a tout exploré (1), parmi les documents qui avaient été amenés à Rome par la munificence de ses souverains et de ses protecteurs. N'importe ce qui reste à faire aujourd'hui pour compléter les publications orientales du Vatican, il n'en est pas moins vrai de dire qu'elles ont mis à découvert l'origine véritable et ancienne d'une grande partie des institutions séculaires qui composent l'existence même du catholicisme. Telle est par exemple la pratique des sacrements, dont il y a déjà des définitions suffisamment nettes dans les Épîtres ignatiennes, et dont il y a également des traces dans d'autres monuments historiques de la même période (2).

Déjà au second siècle la Syrie possédait plusieurs des règles et des usages qui furent portés au IIIe et au IVe siècles dans l'Occident : son église régulièrement organisée s'est montrée dès lors constante dans le dogme, forte de sa hiérarchie, jalouse de sa liturgie et de ses pratiques; la construction des temples chrétiens, la composition des chants ecclésiastiques, la rédaction de martyrologes furent au nombre des travaux qu'elle mit en honneur. Mais tandis que la profession et la défense des croyances évangéliques créaient en Syrie une grande activité intellectuelle, les germes d'hérésies devenues plus tard fameuses s'y développèrent de bonne heure; les provinces syriennes furent la première patrie des systèmes gnostiques qui firent tour à tour la

(1) Nous citerons sommairement comme suffisamment connus des recueils tels que la *Bibliotheca Orientalis Clementino-Vaticana*, etc. (Romæ, 1719, 1728, 4 vol. in-folio), le *Codex liturgicus ecclesiæ universalis* (ib. 1749, 1763, 12 vol. in-4°), les *Acta martyrum orientalium*, etc. (ib. 1748, 2 vol. in-folio).

(2) Les deux passages invoqués au sujet de la Pénitence dans l'épître de S. Ignace aux Philadelphiens (n° 3 et 8) sont reproduits exactement dans la version arménienne citée plus haut. Ils pourraient été joints aux témoignages réunis dans le curieux traité historique et apologétique publié l'an dernier par M. Luigi Vincenzi, professeur à la Sapience : *La confessione vocale dei peccati praticata nella sinagoga antica e innalzata a sacramento da Gesu Cristo nella Chiesa Cristiana*, p. 63 et suiv. (Roma, 1850, pp. X-142 in-8°).

renommée de Saturnin, de Bardesane, d'Harmonius son fils et de Basilide.
Bien que l'affluence d'une foule de doctrines étrangères dans les écoles de la
Syrie ait favorisé la formation de ces systèmes, on ne peut perdre de vue
que leurs auteurs ont fait des emprunts au symbole chrétien, et que même
quelques-uns d'entre eux, Bardesane par exemple, ont appartenu à l'Église
avant de professer ouvertement leurs erreurs. L'ascendant du christianisme
sur les peuples araméens est un fait qui ressort des tentatives mêmes de
quelques Gnostiques pour substituer parmi eux leur doctrine à la sienne :
ainsi Bardesane a-t-il voulu sous la forme d'hymnes accompagnés de la lyre
faire pénétrer ses opinions dans les assemblées des fidèles (1), et c'est à ses
chants rhythmiques que S. Ephrem est venu plus tard opposer sa poésie
grave et savante, restée dans sa nation le modèle du genre. Aucune erreur
du reste n'est demeurée sans adversaire au sein des populations chrétiennes
de la Syrie, et leurs chefs spirituels n'ont pas cessé d'être les apologistes de
leur foi, depuis S. Ignace qui devinait le Gnosticisme jusqu'à cet évêque de
Cascar, Archélaus, qui disputa publiquement contre Manès.

Édesse, capitale de l'Osrhoène, fut aussi bien qu'Antioche un des foyers
de l'enseignement religieux ; son école fut au second siècle surtout une école
de catéchumènes, d'abord présidée par son évêque, S. Barsimée qui mourut
martyr, mais elle devint bientôt après et elle resta l'asile de la science chrétienne jusqu'à l'époque des invasions musulmanes. Les institutions d'Édesse
servirent d'exemple aux autres villes de la Syrie ; ce fut un usage propre à ce
pays, à cause de la vigilance de ses évêques, comme nous l'apprend J. Assémani, de n'avoir jamais d'église ou de monastère sans école, ou d'école sans
un monastère ou une église. Les détails que l'illustre Maronite a consignés,
dans sa *Bibliothèque* (2), sur l'organisation des écoles de tout degré ont
d'autant plus d'intérêt qu'elle a passé de la Syrie dans plusieurs des pays
voisins ; nous devrons dire plus loin encore quelle a été l'influence des
sciences cultivées par les Syriens sur l'état intellectuel des peuples domina-
teurs de l'Asie pendant le moyen âge. Nous ne parlerons point ici plus
explicitement de l'école dont Édesse a de bonne heure été le siége, puisque

____

(1) Voir la monographie du D\u1d63 Aug. Hahn : *Bardesanes gnosticus Syrorum primus
hymnologus*. (Lipsiæ, 1819), p. 22, p. 50 et suiv.

(2) *Biblioth. Orientalis*, t. III, part. 2, p. 919 et suiv., p. 934. *De scholis et litte-
rarum studiis.*

nous pouvons renvoyer le lecteur à un travail qui a vulgarisé les recherches d'Assémani sur le sort des études dans cette ville célèbre (1).

Il est surtout une œuvre considérable entre les œuvres littéraires qui rendent témoignage à la prospérité des anciennes églises de la Syrie : c'est la version complète des Livres Saints qu'elles ont possédée de bonne heure dans leur langue nationale. On peut considérer sous divers aspects l'importance de cette première version désignée d'ordinaire par le nom de *Peschito*. Bien qu'elle ait fourni depuis longtemps matière à des études critiques d'une grande portée, il ne nous a point paru superflu de redire ici comment sa valeur en exégèse a été rehaussée par des recherches de date récente et par le dépouillement de nouvelles œuvres manuscrites, afin que l'on juge d'autant mieux quelle influence elle a exercée dans la Syrie même et au dehors sur la forme des liturgies et en général sur les destinées des lettres.

Le contenu de la version dite *Peschito* par les Syriens justifie pleinement son titre signifiant, « simple, » c'est-à-dire, littérale et fidèle : rien n'y contredit la haute antiquité que l'histoire lui assigne; si quelques parties remontent jusqu'au premier siècle, on ne pourrait faire descendre les autres au-dessous du second siècle ou du commencement du troisième. Disons de l'ensemble de cette version, en résumant les jugements portés par toutes les écoles européennes, que la rédaction en est claire, précise, égale dans les divers livres; constatons qu'elle a été citée comme un texte antique par les auteurs jouissant de la plus grande autorité dans la Syrie, par des chrétiens de secte diverse, Nestoriens et Jacobites, sortis de ce pays et dispersés dans des pays étrangers, dans l'Inde et en Égypte, et qu'elle est adoptée aujourd'hui encore au même titre par les Maronites du Liban. Cependant, pour mieux déterminer l'état présent des études dont elle est l'objet, nous traiterons séparément de ses deux parties et du mérite particulier que la science moderne leur attribue.

La version *Peschito* de l'Ancien Testament a pour mérite principal une fidélité constante au texte hébreu, dont elle reproduit les locutions sémitiques, et une clarté d'expression qui fait contraste avec le style des paraphrases chaldaïques; elle peut revendiquer en raison de son âge probable le rang d'une version immédiate, on dirait même d'un texte authentique de la Bible qu'on opposerait utilement en une foule de points aux insinuations et

(1) La thèse déjà citée de M. Allemand-Lavigerie : *Essai histor. sur l'école chrétienne d'Edesse.* (Paris, 1850, pp. 138 in-8°). — *Revue cath.* 1850-1851 , p. 386-87.

aux subtilités des Rabbins. Les interprètes du second siècle qui entendaient sans effort la langue sacrée des Juifs ont pu s'éclairer des meilleures traditions pour traduire l'hébreu en syriaque sans faire violence ni à l'esprit, ni à la lettre des écrivains. Que l'on ait reconnu des corrections apportées plus tard au texte syriaque par l'étude de la version des Septante, il n'y a pas lieu de s'en étonner, d'autant plus que des annotations marginales auront été maintes fois transportées dans le texte, et d'ailleurs, les premiers traducteurs, Syriens d'origine, avaient droit d'appeler à leur aide dans leur travail des termes grecs qui étaient d'un usage fréquent dans leur nation. Déjà trois fois cette antique Version des Écritures hébraïques a été publiée intégralement en Europe, sans parler des éditions détachées du Pentateuque et du Psautier : d'abord dans la Polyglotte de Le Jai à Paris, puis dans celle de Londres, et enfin dans un volume destiné par la Société Biblique à l'église du Malabar et confié à l'habileté du D*r* Samuel Lee, professeur à Cambridge (1). Nous n'insistons pas davantage sur l'importance de la version *Peschito* de la Bible, puisque l'opinion unanime des érudits s'est suffisamment déclarée à cet égard (2); mais nous avions à constater que cette opinion s'est soutenue en présence des investigations les plus minutieuses que l'on a portées dans ses diverses parties, avant d'exposer ici à quel point de vue de nouvelles études sont déjà entreprises ou vont l'être incessamment sur ce beau monument de la foi chrétienne en Orient.

Comme on devait s'y attendre, la collection de livres syriaques expédiés à Londres du monastère de Nitria renferme plusieurs manuscrits fort anciens de l'Ancien Testament dans la version *Peschito;* il est par exemple une copie du Pentateuque qui remonte à l'an 464 de J.-C., et qui est par conséquent un

(1) Améliorée par les soins de cet orientaliste à l'aide de sources manuscrites, cette troisième édition a été accueillie avec d'autant plus de faveur dans toute l'Europe, que l'éditeur a respecté l'arrangement du texte comme l'admettaient les Chrétiens de la Syrie. — *Vetus Testam. Syriace, eos tantùm libros sistens, qui in canone Hebr. habentur, ordine verò quoad fieri potuit, apud Syros usitato dispositos.* London, 1823, gr. in-4º.

(2) Voir un excellent résumé des vues aujourd'hui reçues dans le livre classique de feu le D*r* Herbst, professeur à la Faculté de théologie catholique à Tubingue : *Introduction historique et critique aux Saintes Écritures de l'Ancien Testament,* 1*re* partie, introduction génér., p. 192-201 (Karlsruhe, 1840 — en allemand). — V. aussi l'*Introduction* aux livres de l'A. et du N. Test. par le D*r* Scholz, de l'univ. de Bonn, tome I, p. 161 (Cologne, 1845).

des plus anciens exemplaires connus d'une partie quelconque de la Bible. L'Université d'Oxford a résolu de faire imprimer à ses frais une nouvelle édition de la version syriaque qui serait complétée à l'aide de si précieux documents (1); l'infatigable M. Cureton qui s'est chargé de ce travail se propose d'établir exactement ce texte d'après les manuscrits les plus anciens de chaque livre et de relever à la manière de De Rossi les différentes leçons des autres manuscrits qui approchent le plus près en valeur et en date de celui des livres de Moïse.

La version *Peschito* du Nouveau Testament a inspiré un intérêt plus grand encore aux savants contemporains qui se sont occupés de la collation des textes orientaux des Livres Saints. Pour justifier en quelque sorte les études spéciales qui viennent de lui être vouées par plusieurs hommes, qu'il nous suffise d'énoncer qu'elle est aussi remarquable par la pureté du langage que par la fidélité scrupuleuse des traducteurs; si l'on en croit la tradition, elle serait l'œuvre du Ier siècle, sauf l'Apocalypse et quelques Épitres qui n'ont été portées en Syrie et traduites en syriaque qu'au siècle suivant. D'après un écrivain syrien du VIIIe siècle que cite Bar Hebræus dans son commentaire de la Bible qui est intitulé *Trésor des Mystères*, son auteur serait un disciple de l'apôtre Thaddée, Aghœus (*Agaï*), premier évêque d'Édesse et martyr, qui l'aurait terminée en l'année 78. Le cardinal N. Wiseman a mis naguère dans leur vrai jour ces renseignements additionnels sur l'origine de la version *Peschito*, en la défendant contre les doutes que quelques historiens et controversistes, entr'autres Bellarmin, avaient soulevés touchant son antiquité (2). Rien du reste ne contredit la valeur depuis longtemps attribuée à ce texte du Nouveau Testament comme version immédiate; son existence est réputée ancienne par plusieurs Pères même de l'Occident, tels que S. Ambroise et S. Augustin; son style le dispute sous le rapport de l'âge à celui des plus anciennes liturgies syriaques; les études qui ont accompagné ou suivi de près les principales éditions, qui en ont été publiées depuis trois cents ans (3), ont fait ressortir l'excellence de son contenu.

(1) V. sur l'opportunité de cette édition la brochure de J. Rogers : *Reasons why a new edition of the Peschito, or ancient syriac version of the O. T., should be published whit variæ lectiones from ancient Mss. and editions* (Oxford, 1849).

(2) *Horæ Syriacæ*, Romæ, 1827, p. 94 et 103.

(3) La première édition, due au chancelier Albert de Widmanstadt, a été imprimée à Vienne en 1562; la dernière est celle du Dr Lee, publiée à Londres en 1811.

L'opinion n'a pas varié chez les modernes sur l'autorité qui appartient à la Version Simple des livres évangéliques en critique et en herméneutique : après l'examen le plus sévère, des juges de toute nation ont plus d'une fois rendu hommage à sa clarté que les meilleures versions connues n'ont point surpassée, en même temps qu'à l'antiquité vénérable dont elle porte les caractères (1). Nous nous contenterons de relever brièvement les avantages que cette version doit à sa composition par des Syriens à une époque fort rapprochée de l'époque même des évangélistes et des apôtres. Il était facile à des interprètes syriens de bien exprimer dans leur langue le sens de plusieurs termes qu'on n'aurait pas bien saisis loin de la Palestine ; ils ont réussi à conserver à chacun des écrivains du Nouveau Testament la manière d'exposer qui le distingue, par exemple à S. Matthieu son ton de véracité, à S. Luc une certaine élégance de diction ; ils ont eu, à part quelques méprises, l'intelligence de l'idiôme grec des Apôtres à un degré remarquable d'exactitude, comme le comportaient les relations de leur pays avec différentes provinces grecques de langage. Cependant, si le prix de la version *Peschito* est attesté par la plupart de ceux qu'on appellerait les maîtres de l'exégèse, il s'en faut que l'on soit d'accord sur tous les points dans les rangs des critiques et surtout de ceux qui appartiennent à l'une ou l'autre des communions protestantes. Ainsi, tandis que des théologiens anglicans l'accueillent avec autant de confiance que de respect, des savants qui professent le luthéranisme réclament contre l'usage que l'on voudrait faire du texte de cette version pour préciser la première histoire de la dogmatique chrétienne. Récemment encore, un érudit anglais, M. J.-W. Etheridge consacrait de patients travaux à la version *Peschito*, qu'il tient pour le canon de l'Écriture sainte en usage chez les chrétiens orientaux dès les temps primitifs ; non seulement, dans un premier travail (2), il signalait son prix parmi toutes les versions composées de même en syriaque, mais encore à deux reprises (3), il donnait une traduc-

Le texte qui en fut donné dans le tome V de la Polyglotte d'Anvers en 1572 est accompagné d'une version latine qui a pour auteur Guy Lefèvre de la Boderie.

(1) Voir l'exposé du Dr Hug de l'Univ. de Fribourg en Brisgau dans son *Introduction aux écrits du Nouveau Testament*, Ire part., n° 62-69 (en allemand. — 3e édition. Stuttgard, 1826).

(2) *Horæ aramaicæ, comprising concise Notices of the Aramean Dialects in general, and of the Versions of holy Scripture extant in them*, etc. London, 1843, in-18.

(3) *The Syrian Churches, their early history, liturgies and literature*

tion anglaise littérale et fidèle d'abord des Quatre Évangiles, puis des Actes des apôtres et des Épitres. M. Etheridge a joint scrupuleusement à sa version les titres des chapitres entre lesquels les Syriens ont partagé le texte de l'Évangile selon les usages de leur Église; il a ainsi reconnu l'authenticité des divisions liturgiques répondant à un culte qui s'est développé de bonne heure et à des fêtes qui marquaient les principaux moments de l'année ecclésiastique.

A la réserve d'une telle critique il faut opposer les restrictions faites à l'autorité de la version *Peschito* par des auteurs qui en reconnaissent toutefois le mérite à d'autres égards. De ce nombre est un licencié en théologie de l'Université de Halle, Jean Wichelhaus, qui a composé récemment quatre livres d'études historiques et analytiques sur le Nouveau Testament syriaque (1) : dans bien des endroits il a mis en lumière toutes les qualités qui en font un monument de premier ordre dans la littérature sacrée; mais plus d'une fois il signale comme suspects des passages où l'interprète syrien lui semble avoir développé ou modifié la pensée de l'écrivain grec (2), et il prétend qu'ils expriment des idées étrangères à l'enseignement pur et vrai des Apôtres sur la personne du Christ, sur quelques points de dogme ou de morale et sur la première forme du culte chrétien; d'autres fois encore il cherche dans le texte antique la justification de thèses théologiques qui remontent jusqu'aux auteurs de la Réforme. Il est clair d'après cela que le dernier mot n'est pas dit sur la composition, la valeur et l'usage de la version *Peschito* dans son rapport avec la tradition chrétienne : au point de vue de l'histoire comme de l'exégèse, elle sollicite de nouvelles études qui fassent découvrir à quel degré le traducteur a donné une paraphrase du texte évangélique en quelques endroits, et jusqu'à quel point cette paraphrase serait conforme aux croyances et aux pratiques d'une des églises primitives. La critique, pour accomplir cette dernière tâche, doit appeler à son secours toutes les inductions qu'une philologie rigoureuse peut tirer de la lettre des textes; on va voir que ce secours ne lui manquera pas.

C'est encore la nouvelle collection des manuscrits syriaques de Londres

ral *translation of the four Gospels from the Peschito*, etc. London, 1846, pp. 538 in-8º.
— *The apostolical Acts and Epistles* etc. London, 1849, pp. 518 in-8º.

(1) *De Novi Testamenti Versione syriaca antiqua quam Peschitho vocant libri quatuor*, Halis, 1850, pp. VIII-341 in-8º.

(2) Voir surtout le chap. V du Livre IV, *de usu dogmatico*, p. 323 et suiv.

qui fournira les moyens de retrouver la forme primitive sous laquelle le Nouveau Testament a été lu et patiemment étudié en Syrie. On annonçait en 1849 une collation générale des variantes de la version Simple, qui serait publiée par le Rév. Lee, d'après les manuscrits nestoriens et jacobites de plusieurs bibliothèques de l'Angleterre. M. Cureton s'occupe en ce moment de la publication du texte des quatre Évangiles (1), d'après un manuscrit antique choisi entre ceux qui composent le nouveau fond syriaque du Musée Britannique; comme ce manuscrit, datant du Ve siècle, est tracé dans l'ancienne écriture nationale dite *estrangelo* (écriture de l'Évangile), il a eu recours à d'habiles graveurs pour reproduire exactement la forme de ces caractères qui ajoutent quelque prix à la découverte d'un tel monument. Ajoutons qu'il y a dans le même fond jusqu'à quarante manuscrits qui renferment diverses parties du Nouveau Testament *(Peschito)* et dont plusieurs sont du VIe siècle, sans parler de copies fort remarquables de versions postérieures à celle-ci; rappelons en outre qu'il est depuis long-temps dans les Bibliothèques de Rome et de Florence plusieurs manuscrits, qui n'ont pas encore été dépouillés dans un but critique, mais que l'on sait offrir peu de dissidences avec le texte imprimé. C'est assez insister, croyons-nous, sur l'abondance des instruments que les progrès de l'érudition mettent de nos jours entre les mains des hommes qui voudraient se vouer sérieuse-ment aux études de philologie sacrée.

Nous n'ajouterons quelques mots à ces données générales sur la version *Peschito*, que pour faire apprécier l'universalité de sa transmission pendant une longue suite de siècles. Il était d'usage dans l'Église syrienne encore à son berceau de conserver les Évangiles et les Épîtres réunis en un seul corps, et d'en joindre la lecture dans les assemblées à celle de la Loi et des Prophètes. Dès que la vie cénobitique eut pris quelque extension en Syrie et en Mésopotamie, elle comporta l'obligation non seulement de lire, mais encore de copier les Livres Saints, surtout les Psaumes et les Évangiles; ceux-ci l'étaient d'ordinaire à part, en raison du respect plus grand qui leur était porté. On conçoit donc facilement comment la version immédiate du Nouveau Testament est devenue dans toutes les provinces où l'on entendait le Syriaque une véritable Vulgate d'une autorité incontestée : c'est au point que, quand les communions nestorienne et jacobite eurent grandi aux dépens de la foi

____

(1) « *Quatuor Evangeliorum syriacè, recentionis antiquissimæ, atque in Occidente adhuc ignotæ quod superest : e codice vetustissimo Nitriensi.* »

orthodoxe, les membres de ces communions n'ont pas touché à l'arrangement du texte et n'ont pas porté de graves atteintes à la lettre de certains passages en vue de les faire tourner en faveur de leurs idées ; on l'a constaté dans des manuscrits qui remontent au VIe, au VIIe et au VIIIe siècles, comme ceux que les Jacobites de Syrie ont portés dans les monastères d'Égypte. L'exégèse des chrétiens Orientaux de toute secte a soumis le texte de l'Évangile dans le *Peschito* à un travail tellement minutieux, qu'il est demeuré chez eux à l'état de texte bien fixé, et ainsi préservé des altérations qui proviendraient de l'ignorance ou de la mauvaise foi des copistes. Les nations étrangères lui ont rendu hommage, en le prenant pour base de leurs traductions de l'Évangile, comme l'ont fait les Perses, les Arabes ; il n'a pas été non plus sans influence sur la version arménienne.

Qu'il nous soit permis de citer un seul, mais convaincant exemple de la portée des études auxquelles la version *Peschito* du Nouveau Testament peut donner lieu : c'est le commentaire que le savant cardinal Wiseman faisait naguère du fameux texte de S. Mathieu relatif au dogme catholique de l'Eucharistie (1). La version syriaque (chap. XXVI, v. 26, 28) présente les paroles sacramentelles dans leur exacte simplicité : « *Ceci est mon corps,....* *ceci est mon sang.* » Cependant bien des orientalistes protestants et rationalistes persistent à dire qu'il faut sous-entendre en cet endroit l'idée de représenter, et que, si le texte syriaque ne renferme pas les mots d'emblême ou de symbole, c'est qu'ils manquent dans cette langue. En réponse à cette objection, Mgr Wiseman établit que la langue syriaque est au moins aussi riche qu'aucune autre langue de l'Orient, en mots exprimant cette idée, et pour cela il accumule plus de quarante synonymes dont il confirme le sens par un nombre suffisant d'exemples empruntés à des textes de tout genre.

Quoiqu'on ne puisse contester la prééminence de la version *Peschito* de l'Ancien et du Nouveau Testament sur les autres versions syriaques, nous n'omettrons pas de dire ici pourquoi ces versions méritent d'être à leur tour l'objet des études de la critique contemporaine. Deux versions de la Bible auraient été faites sur le texte grec des Septante, l'une nommée improprement version *figurée*, datant du IIIe et du IVe siècle, et particulière aux Syriens Occidentaux ; l'autre, dite *Hexaplaris,* œuvre de Paul de Tella au VIIe siècle. Tandis que le manque de renseignements précis a fait révoquer en doute l'existence même de la première, la seconde est surtout très-précieuse pour

____

(1) Dans le premier traité des *Horæ syriacæ.*

les corrections qu'elle peut fournir à l'original grec, tellement l'exactitude de son auteur est littérale et servile, et pour la nombreuse classe de mots dont elle enrichira la lexicographie syriaque. Ce n'est point le lieu de répéter ce que les meilleurs critiques ont écrit sur la valeur relative de cette version médiate et secondaire, et sur les fragments qui en ont été imprimés surtout en Italie (1); mais nous citerons en témoignage du mérite que les savants persistent à lui attribuer la belle édition de plusieurs livres de la Bible livrée à la publicité il y a peu d'années d'après des manuscrits de Paris et de Milan par le Dr Henri Middeldorpf, professeur à la Faculté de théologie protestante de Breslau (2).

Quant à la version *Peschito* du Nouveau Testament, elle a pour rivales dans la tradition littéraire des Syriens la version dite Philoxénienne, et celle dite de Palestine ou de Jérusalem : la première qui a vu le jour à la fin du Ve siècle sous l'autorité d'un évêque de la ville de Maboug ou Hiérapolis en Syrie, appelé Philoxène, a été imprégnée des opinions monophysites que ses auteurs avaient embrassées, et il est naturel qu'elle ait fait concurrence à la version immédiate chez les Jacobites, portant d'ailleurs beaucoup de respect au texte grec des Évangiles sur lequel elle est calquée. Si nous rappelons en outre que la version Philoxénienne a été publiée et traduite en entier par un orientaliste anglais (3), c'est pour faire remarquer encore une fois combien de matériaux sont acquis aujourd'hui à une étude comparative de tous les textes des Écritures qui ont été répandus dans la Syrie et autour de ce pays avec quelque autorité. On voit qu'il y a place pour bien des travaux utiles après ceux de Ridley et d'Adler (4) sur les versions syriaques de l'Évangile qui ont fourni récemment encore à un savant de Berlin la matière d'un estimable essai (5).

(1) Voir l'*Introduction* citée du Dr Herbst, t. I, p. 201-207.

(2) *Codex Syriaco-Hexaplaris* (Liber quartus Regum. Iesaïas. Duodecim prophetæ minores. Proverbia. Jobus. Canticum. Threni. Ecclesiastes). Berolini, 1835, in-4°, p. I, textus syriacus; p. II, Commentarii.

(3) *S. Evangeliorum Versio Syriaca Philoxeniana*, etc., nunc primum edita cum interpretatione et annotationibus Josephi White. Oxonii, 2 t. in-4°, 1778-1803.

(4) Londini, 1761. — Hauniæ, 1789, in-4°. Le travail du savant Danois a pour titre : *N. T. Versiones Syr.*, *simplex*, *philoxeniana et hierosolymitana, denuò examinatæ.*

(5) Le Prof. Fr. Uhlemann : *de Versionum N. T. Syriacarum critico usu.* Berlin, 1830, in-4° (Programme des solennités du gymnase royal Frédéric-Guillaume).

En terminant ces aperçus relatifs à l'histoire des lettres chrétiennes en Syrie, nous ne pouvons nous empêcher de mettre en relief deux faits qui ne sont pas sans importance historique. C'est d'abord l'activité qu'a excitée dans plusieurs provinces d'Orient l'étude des Livres Saints et surtout de l'Évangile pendant plus de sept cents ans : il est avéré que cette étude est devenue la base de tous les travaux qui ont constitué la littérature nationale des Syriens presque exclusivement ecclésiastique. D'un autre côté, s'il est hors de doute que la version immédiate dite *Simple* ait contribué plus qu'aucun autre ouvrage à l'éducation littéraire de la nation, il est juste d'attribuer à ce grand monument de l'antiquité chrétienne une large part dans l'ascendant glorieux que les Syriens ont eu dans la suite des temps comme instituteurs d'une fraction considérable des peuples asiatiques.

§ IV.

Propagation du christianisme en Orient avant l'époque des missions nestoriennes. — Extension fort lente de l'Église en Égypte : le paganisme et la philosophie ; le gnosticisme : Valentin et le livre de *la fidèle sagesse*. Destruction du Sérapéum ; adoption de la croix ansée comme symbole chrétien. Résistance des idolâtres au christianisme dans la Haute-Égypte et en Nubie ; culte d'Isis maintenu à Philé jusqu'au milieu du VIe siècle. — Vicissitudes de la prédication évangélique en Arabie avant l'Islamisme. — Conversion de l'Arménie et de la Géorgie.

Après l'espèce d'enquête que nous avons faite précédemment sur la littérature chrétienne en Syrie, nous parlerons de nouveau de l'extension du christianisme dans plusieurs contrées de l'Orient pendant les siècles qui ont suivi la prédication des apôtres ; nous nous attacherons de préférence aux faits relatifs à l'introduction et à l'influence de la foi chrétienne en Égypte, en Éthiopie, en Arabie ; plus tard seulement nous traiterons plus spécialement de la propagation du symbole chrétien jusque dans l'Inde et dans la Chine, pour ne point séparer tout ce qui se rapporte au prosélytisme des Églises nestoriennes.

Les travaux contemporains dont nous avons à rendre compte cette fois n'ont pas toujours justifié l'extension rapide que quelques annalistes de l'Église ont cru pouvoir attribuer à ses doctrines dès les premiers siècles. En observant combien cette extension a été lente et difficile dans plusieurs pays de l'Orient, on découvrira d'autant mieux quels ennemis ont disputé si longtemps à la vérité l'empire des âmes. D'une part, les esprits attentifs verront la vérité religieuse dominer plus sûrement là où elle a pénétré par la seule force de la persuasion, et soutenir patiemment de rudes combats sans consentir à de coupables transactions avec les intérêts et les passions. D'autre part, quiconque descendra de l'examen général des faits que nous signalons à leur étude détaillée dans les sources, remarquera une singulière analogie entre les luttes d'autrefois et celles d'aujourd'hui; il ne s'étonnera point que, de nos jours encore, la vérité doit lutter contre l'homme pour s'imposer à l'homme; éclairé par l'histoire primitive du christianisme, il considérera avec plus de calme et plus de confiance cet état de malaise et d'accablement, de colère et de révolte, auquel les sociétés modernes semblent condamnées, toutes les fois qu'elles rejettent l'action des fortes croyances.

En suivant l'ordre des lieux comme celui des temps, c'est la destinée du christianisme en Égypte qui doit nous arrêter tout d'abord. Plus laborieux a été son établissement dans cette contrée, plus curieuse sera infailliblement l'étude des circonstances qui ont amené son triomphe. On sait que pendant trois siècles l'Église fondée par St Marc n'a pas grandi avec la même rapidité que d'autres églises orientales, que la succession des évêques à Alexandrie n'a pas été interrompue, il est vrai, mais qu'il ne s'est point établi dans le reste de l'Égypte une hiérarchie épiscopale qui fût en rapport avec l'importance de ce premier siége. Mais, ce que l'on n'a pas toujours justement apprécié, c'est la force de résistance que la foi et les institutions chrétiennes ont rencontrée parmi les populations égyptiennes. La critique n'eût-elle relevé dernièrement que quelques incidents de cette guerre intellectuelle, qui a déjà mérité à divers titres les méditations des savants, encore serait-il opportun de citer les arrêts qu'elle a portés et d'indiquer leur application à l'enseignement historique.

Aucun pays du monde romain n'a montré autant d'attachement au paganisme sous toutes ses formes que cette terre d'Égypte que les Grecs avaient souvent considérée comme le berceau de plusieurs de leurs cultes. Nourri depuis longtemps dans un pieux respect pour toute espèce de symboles, l'esprit des peuples d'Égypte avait toujours accueilli avec faveur des superstitions nouvelles; cependant, en donnant entrée dans les temples aux dieux des nations grecques, il a conservé la prépondérance au culte de ses propres divinités, qui plus d'une fois ont obtenu des autels à Rome même et dans beaucoup de sanctuaires étrangers. Personne n'ignore aujourd'hui que plusieurs des monuments religieux de l'Égypte que l'on croyait de date fort ancienne ont été érigés en l'honneur des empereurs romains, sous les auspices des divinités nationales et avec tous les emblêmes des religions antiques.

Sans parler des persécutions qui ont frappé les chrétiens en Afrique comme dans toute l'étendue de l'empire pendant trois cents ans, la foi nouvelle a rencontré sur le sol de l'Égypte deux adversaires opiniâtres : le polythéisme idolâtrique qui avait pour auxiliaire la philosophie néo-platonicienne, et le mysticisme des écoles gnostiques. On a beaucoup écrit sur les efforts des penseurs d'Alexandrie pour restaurer le paganisme défaillant, et la mythologie égyptienne n'a pas non plus manqué d'historiens parmi les auteurs qui ont travaillé le plus activement sur le symbolisme des peuples anciens ; mais il restait à déterminer les moments principaux de la résistance du paganisme égyptien à tous les moyens d'action que le christianisme eut en son pouvoir. Ce qu'avait fait naguère le comte A. Beugnot pour l'Occident, M. Étienne Chastel, de Genève, vient de le tenter pour l'Orient, et dans un livre qui complète sans l'égaler celui de son illustre devancier (1), il a retracé dans ses phases successives la ruine du paganisme qui s'est consommée plus vite, à partir du règne de Théodose, dans la portion orientale de l'empire. Protestant instruit et modéré, l'auteur a presque toujours jugé avec mesure la conduite des empereurs chrétiens, et il a réuni en particulier sur le sort du polythéisme en Égypte des données précises dont on ne peut méconnaître le prix, même en contestant quelques unes de ses assertions (2). Ainsi M. Chastel a-t-il bien démontré l'efficacité des mesures prises par Théodose et ses successeurs pour favoriser la religion chrétienne en Égypte : eu égard à l'aveugle attachement des habitants de ce pays aux formes et aux pratiques de l'idolâtrie, force était au pouvoir de ces temps de défendre aux payens les actes ostensibles qui les enchaînaient à l'erreur; sans qu'il y eût persécution contre les personnes, le fanatisme des populations rendit nécessaire la destruction successive des temples. Un fait qui prouve assez que la profession du christianisme n'avait pas été suffisamment respectée en Égypte, c'est l'obligation qui y fut imposée aux chrétiens pendant plus de trois siècles de prendre part aux dépenses des jeux

(1) *Histoire de la destruction du paganisme dans l'empire d'Orient* (ouvrage couronné par l'Institut de France. — Académie des inscriptions et belles-lettres — dans le concours ouvert sur ce sujet en 1847). Paris et Genève, Cherbuliez, 1850. 1 vol. in-8º.

(2) Ouvr. cité, p. 79-125, p. 185-291.

sacrés et des solennités publiques, et même d'en accepter la présidence (ἀρχιερωσύνη) : ce fut Théodose le premier qui, par un édit de l'an 386, a exempté les chrétiens de ce tribut qui était une des ressources du culte payen.

Que dire du gnosticisme envisagé comme adversaire de la foi chrétienne? C'est en Égypte qu'il a trouvé le plus d'aliment, grâce à l'esprit superstitieux de la nation et aux travaux philosophiques des Alexandrins; de plus, l'affluence d'étrangers de toute race dans ce pays a favorisé la fusion des doctrines religieuses les plus diverses, et les partisans de la Gnose, commé on sait, ont fait aux Écritures plus d'un emprunt au profit de leurs systèmes d'un spiritualisme tantôt abstrait et obscur, tantot vivement exalté.

Puisqu'un des plus célèbres d'entre ces systèmes, celui de Valentin, a pris naissance en Égypte et y a fleuri dès le second siècle, jetons un coup d'œil sur les tentatives qui ont été faites pour en fournir au monde savant la connaissance approfondie.

Les historiens modernes du gnosticisme ont accordé une large place à l'exposé de la gnose de Valentin; M. J. Matter tout particulièrement l'a fait avec détail dans la seconde édition de son *Histoire critique du gnosticisme* (1). Plus récemment encore M. Lèques présentait à la Faculté des lettres de Toulouse une monographie sur les caractères du gnosticisme et ses rapports avec le christianisme étudiés dans la gnose de Valentin (2). Toutefois, ces auteurs n'ont pu fonder leurs assertions que sur un petit nombre de sources qui n'appartiennent aucunement aux écrits originaux de l'école égyptienne, détruits presqu'entièrement sous les empereurs byzantins. Mais voici qu'un monument authentique de cette école, qui a été composé en langue grecque par Valentin, mais qui ne s'est conservé que dans une traduction copte due à quelque membre de sa secte, est tiré des manuscrits de Londres par un habile orientaliste, et destiné par lui à une prochaine et complète publicité. M. Édouard Dulaurier, qui a fait ses preuves dans l'étude de plusieurs littératures asiatiques, a voué à la langue copte de longs travaux qui l'ont mis à même d'entreprendre une édition du célèbre traité gnostique qui a pour titre : *La fidèle sagesse.* C'est à son témoignage qu'il est juste de s'en rapporter sur l'importance d'un document unique en son genre, mais

(1) Tome IIe, Strasbourg, 1843, p. 36 et suiv.
(2) Toulouse, 1849, in-8º. Thèse pour le doctorat.

offrant d'ailleurs à l'interprète par son sujet même une foule de difficultés (1).

Ce traité, selon M. Dulaurier, aurait pour auteur Valentin lui-même : la
terminologie du système dont il contient l'exposé s'accorde assez bien avec
celle des théories valentiniennes, telles que nous les a transmises S. Irénée.
Ce qui constitue le fond du livre, ce sont le système des émanations et la
doctrine de la lumière, qui se rencontrent dans toutes les cosmogonies
orientales et dont l'Inde ou la Chaldée furent le foyer primitif. Mais l'influence
des idées chrétiennes s'y fait sentir à diverses reprises, et, comme on va le
voir, l'histoire évangélique a servi d'enveloppe aux rêveries nébuleuses des
contemplatifs initiés aux mystères des écoles et des sanctuaires d'Égypte.

« Le livre de la *Fidèle Sagesse* imite dans sa contexture la forme drama-
tique. Le Christ, après sa résurrection, passe douze années à converser avec
ses disciples et à les instruire dans les mystères d'une science supérieure,
dont ses enseignements, pendant sa vie terrestre, n'avaient été qu'une im-
parfaite révélation. Les disciples et les saintes femmes paraissent tour-à-tour
en scène, et proposent des questions à Jésus, qui les résout suivant les
données gnostiques, et de manière à leur présenter un cours complet de
cette doctrine. Ces questions embrassent la cosmogonie, la théorie des émanations valentiniennes, la nature et la hiérarchie des esprits et des génies,
la discussion du problème si controversé dans les premiers siècles de notre
ère, de l'origine du mal physique et moral dans ce monde, et enfin tout un
traité de psychostasie. L'ouvrage se termine par le récit d'une cérémonie où
figurent Jésus et ses disciples, et qui reproduit probablement l'une de celles
du culte gnostique. »

Dans treize entretiens, Jésus raconte les tribulations de *Sophia* qui s'est
précipitée dans les profondeurs du Chaos pour s'emparer de la Lumière :
livrée aux puissances des ténèbres, elle a adressé successivement à la Lumière treize hymnes que récite le Sauveur, et auxquels les apôtres opposent
en manière d'explication un nombre pareil de psaumes de David.

Il sera infiniment curieux d'étudier dans le livre copte, dont M. Dulaurier a
préparé la traduction, les procédés suivant lesquels les Gnostiques du levant

____

(1) Notice sur le manuscrit Copte-Thébain intitulé : *la Fidèle Sagesse*, et sur la
publication projetée du texte et de la traduction française de ce manuscrit. *Journal
Asiatique* de Paris. Tome IXe, IVe série, juin 1847, p. 534-48.

ont voulu amalgamer leurs doctrines d'un mysticisme exalté avec la révélation biblique et évangélique, et la part que la philosophie grecque a pu avoir dans cet étrange et obscur syncrétisme. Car, le faux spiritualisme des sectes égyptiennes leur a survécu, et il est demeuré un danger pour la population chrétienne de l'Égypte, comme le prouvent d'autres documents de la littérature copte. Alors même que les institutions monastiques et cénobitiques de S. Antoine et de S. Pakhome eurent réagi contre les tendances trop exclusivement spéculatives des Alexandrins en faveur du christianisme pratique, les intelligences fortifiées par le travail et la prière dans la solitude se laissèrent entraîner quelquefois encore aux excès de l'idéalisme. Les doctrines théosophiques pénétrèrent jusque dans les monastères de la Thébaïde : c'est ce qu'attestent les débris déjà explorés des apocryphes de la littérature chrétienne qui s'y est formée. On peut s'en faire une idée en lisant les deux fragments que M. Dulaurier a traduits sur les textes copte-thébains de la bibliothèque nationale (1), appartenant l'un aux *Révélations apocryphes de saint Barthélémy*, l'autre à l'*Histoire des communautés religieuses fondées par saint Pakhome*. Là où le narrateur s'écarte des idées orthodoxes, il penche d'ordinaire vers la théosophie des gnostiques : il en est de même dans les trois fragments que Zoega a insérés dans son Catalogue des manuscrits coptes du Musée Borgia, et qui se rattachent au cycle des apocryphes du Nouveau Testament.

N'oublions pas de dire en passant, à propos des textes coptes qui sollicitent aujourd'hui les efforts de la science, que les chrétiens d'Égypte ont exécuté de bonne heure une traduction des Livres Saints dans les trois dialectes principaux de leur langue nationale. Ces versions qui datent du IIe ou du IIIe siècle au jugement des érudits, et qui ont entretenu l'activité imposée aux ascètes de l'Égypte par les auteurs de leurs règles monastiques (2), ont donné lieu à des travaux étendus qui doivent tourner au profit de l'exégèse sacrée : émule des Wilkins, des Woide, des Tattam, le Dr M. G. Schwartze que l'Allemagne vient de perdre mettait au jour il y a peu d'années le texte des quatre Évangiles dans le dialecte copte dit de Memphis d'après les manuscrits de la Bibliothèque de Berlin (3); vu la grande quantité de

(1) Paris, I. R., 1835, pp. 48 gr. in-8º.

(2) Les lettres de S. Antoine, les statuts et les discours de S. Pakhome ont été composés originairement en langue copte.

(3) *Quatuor evangelia in dialecto linguæ copticæ memphitica*, etc. Part. II, Lipsiæ, Barth, 1846-47, in-4º.

variantes que fournit la comparaison des manuscrits, les sciences religieuses
ont beaucoup à gagner comme les sciences philologiques à ces vastes et con-
sciencieuses publications qui rehaussent l'utilité des études en apparence les
plus spéciales et qui renouent d'époque en époque le fil des traditions savantes.

Il nous reste à invoquer les résultats des recherches profondes de M. Letronne pour établir le fait que nous signalions en commençant, le triomphe
fort lent de la foi chrétienne en Égypte. Sans pouvoir suivre cet archéologue
éminent dans toutes ses déductions, nous avons la confiance qu'un simple
résumé en fera saisir aisément la valeur.

Quand l'édit de Théodose, publié à Milan en 591, eut interdit l'accès des
temples, défendu l'adoration des statues des dieux et prohibé toute espèce
de sacrifices, un coup mortel fut porté aux superstitions égyptiennes; mais
l'évènement décisif fut surtout la destruction du temple et de l'idole de
Sérapis à Alexandrie, sous l'épiscopat de Théophile. Non seulement le prestige de cette grande divinité fut détruit par la chute de sa statue; mais
encore les chrétiens se prévalurent de l'analogie de certains symboles des
cultes antiques avec des symboles du culte nouveau (1). C'est ainsi que la croix
ansée d'origine égyptienne fut adoptée par les chrétiens sur leurs monuments au nombre des signes qui rendaient témoignage de leur croyance.
L'érudition était appelée à rendre compte non seulement de l'origine de
cette espèce de croix surmontée d'une anse, mais encore des raisons de
son adoption par les chrétiens d'Égypte et de Nubie : c'est la tâche qu'a
remplie avec sagacité M. Letronne dans un mémoire étendu lu en 1843 et
auquel nous empruntons les considérations suivantes (2).

Il est avéré que les croix ansées ont été placées à la main de la plupart
des divinités égyptiennes comme symboles caractéristiques de la vie. Quand
les temples payens furent menacés de destruction, quand celui de Sérapis

(1) Les fouilles que M. Mariette va exécuter aux frais du gouvernement français
sur l'emplacement du Sérapéum de Memphis mettront au jour vraisemblablement
des objets d'un haut intérêt pour la connaissance du paganisme gréco-oriental et en
particulier du culte de Sérapis.

(2) *Mém. de l'Acad. Roy. des Inscriptions et Belles-Lettres*, t. XVIᵉ, 2ᵉ part., 1846,
p. 236-85, avec planche. — *Examen archéologique de ces deux questions :* 1º La croix
ansée a-t-elle été employée par les chrétiens d'Égypte pour exprimer le monogramme
du Christ? 2º Retrouve-t-on ce symbole sur des monuments antiques étrangers à
l'Égypte?

fut envahi par la foule, les chrétiens furent frappés de la profusion de ces symboles. Ils ont dès lors considéré la croix ansée de leurs ancêtres comme un signe prophétique de la venue du Sauveur, et ils ont fréquemment modelé sur ce type le signe de la rédemption, quoiqu'ils usassent auparavant du monogramme du Christ qu'on peut appeler primitif. Comme l'usage de cette croix ne se retrouve pas hors de l'Égypte et de la Nubie, comme on l'a cherchée en vain sur des monuments d'origine purement hellénique, on est porté à croire qu'elle n'a pas été connue chez d'autres nations de l'antiquité (1) : c'est donc un symbole propre à l'Égypte et qui n'a passé qu'accidentellement dans l'art de peuples étrangers, et de même son adoption a été propre aux chrétiens de cette contrée. On ne saurait voir en cela aucune condescendance blâmable pour le paganisme : si les chrétiens ont maintenu la croix ansée, en présence du signe de la rédemption, c'était pour eux un second objet de vénération qui ne compromettait point le respect dû au premier; c'est pourquoi on la trouve sculptée sur une même pierre, comme un symbole s'accordant bien avec le signe véritable de la croix. Ce sujet tire d'ailleurs beaucoup de lumière des récits de Socrate et de Sozomène sur la destruction du Sérapéum; parmi les caractères dits sacrés, dont les chrétiens ont fait alors soigneusement l'interprétation, se trouvait la croix symbolique, signe de la vie dans l'écriture hiéroglyphique; ils l'ont donc interprétée comme emblème de « la vie qui vient, » selon l'expression des historiens ecclésiastiques, et ils n'ont pas redouté une sorte d'assimilation des deux croix dont la première leur semblait un hommage anticipé à l'avènement du Messie. Si plusieurs Pères ont cherché dans la nature et dans l'art quelques signes analogues au signe sacré, il n'est pas surprenant que l'Église ait employé en Égypte la croix ansée sans scrupule et l'ait en quelque sorte confondue avec le monogramme du Christ, comme une expression différente de la même idée. Disons enfin avec M. Letronne que l'adoption d'un tel symbole est conforme à l'esprit de l'époque :

« Personne n'ignore dans quelle disposition les premiers progrès du chris-

(1) Un archéologue également renommé, M. Raoul-Rochette, a soutenu la thèse opposée dans le même tome des *Mémoires* de l'Académie; *de la croix ansée*, etc., p. 382-385 (avec planches), et dans un appendice à ce Mémoire, au tome XVII de la même collection, p. 375-87. Nous ne croyons pas que ce savant ait suffisamment prouvé, malgré l'abondance des documents qu'il cite, que la dite croix ait reçu partout sous le paganisme un grand nombre d'applications symboliques.

tianisme avaient placé les esprits, à la fois parmi les chrétiens et parmi les payens. Ceux-ci, pour défendre leur religion expirante, eurent recours à plusieurs moyens. En même temps qu'à l'aide des interprétations les plus forcées, ils tâchaient de donner un sens moral aux absurdités odieuses ou ridicules de leur religion, ils voulurent prouver que les chrétiens avaient inventé peu de choses, et puisé dans les opinions des anciens poètes et des philosophes le germe de leurs principaux dogmes et leurs symboles les plus vénérés. Les chrétiens, de leur côté, bien loin de nier ces ressemblances, en convenaient, les acceptaient même comme étant des signes prophétiques de la foi nouvelle, ou le résultat d'emprunts faits par les Grecs aux livres de l'Ancien Testament : ils espéraient, par cette concession sans danger, hâter la conversion des Gentils. »

L'étude approfondie des inscriptions grecques relevées dans toute l'Égypte a fourni, d'autre part, des renseignements du plus grand prix sur les progrès et les vicissitudes du christianisme dans cette antique patrie de l'erreur. Si le déchiffrement des hiéroglyphes a révélé il y a vingt-cinq ans l'âge relativement moderne d'une classe considérable d'ouvrages égyptiens, l'érudition la plus avancée a tenté de nos jours de classer les inscriptions grecques et latines qui ont été recueillies sur le sol de l'Égypte, et elle a fait ressortir, grâce à ce procédé, leur valeur historique qui supplée maintes fois aux lacunes des annales politiques et religieuses de ce pays. C'est à M. Letronne qu'il a été donné d'accomplir en grande partie un travail aussi vaste, dans lequel la critique rencontre à chaque pas les questions les plus délicates (1). Avant de réaliser ce beau monument d'*épigraphie* ancienne, le même savant avait déjà tiré parti de quelques inscriptions récemment copiées en Égypte et en Nubie, pour établir positivement quelques données chronologiques d'une haute importance pour l'histoire du christianisme : nous en relèverons ici quelques unes d'après deux dissertations qui appartiennent au recueil des Mémoires de l'Institut.

C'est au VIe siècle seulement que la religion chrétienne a pénétré dans la Nubie aux frontières méridionales de l'Égypte, tandis qu'un pays plus éloigné, l'Abyssinie, l'avait déjà reçue au IVe par le zèle de Frumentius, qui en fut déclaré évêque en 350 par S. Athanase. La plupart des inscriptions

(1) *Recueil des inscriptions grecques de l'Égypte sous la domination des Grecs et des Romains.* Tome Ier. Paris 1845, 1 vol. in-4° avec planches.

recueillies par Gau dans les contrées de la Nubie ne sont pas antérieures au VIe siècle : ainsi l'inscription grecque déposée dans le temple de Talmis par le roi Nubien Silco date vraisemblablement du règne de Justinien ; elle atteste que ce prince, qui régnait sur les Nobades ou Nubiens, professait le christianisme, dont la prédication a introduit chez eux la connaissance du grec, et qu'il a soumis les Blémyes, dont la conversion a suivi de près celle de son propre peuple (1).

D'autres inscriptions ont prouvé que le culte d'Isis s'était perpétué dans l'île de Philes ou Philé jusque dans la seconde moitié du VIe siècle : parmi les inscriptions payennes, découvertes dans le temple même, il en est deux qui établissent que le culte était encore confié à des familles égyptiennes dont les noms sont énumérés dans une partie visible du même temple, et cela l'an 453 de l'ère chrétienne, soixante ans après l'édit de Théodose contre le paganisme : les Blémyes, limitrophes de l'Égypte, avaient conservé jusqu'alors le privilége de transporter chez eux par le Nil les statues de la déesse, et il est certain que les généraux de l'empereur Marcien ont été forcés de leur garantir ce privilége en concluant une trêve de cent ans avec ces barbares. C'est seulement sous Justinien, vers 560, que le culte d'Isis a cessé à Philes, quand, la trêve ayant expiré, les images de cette déesse furent enlevées et portées à Constantinople. D'autre part, des inscriptions chrétiennes nous apprennent que l'on a rebâti sous le règne du même empereur et de son successeur Justin II le mur d'enceinte qui avait servi depuis longtemps à la défense de l'île de Philes contre les incursions des peuplades étrangères, que le temple a été approprié au culte chrétien et qu'une église dédiée à S. Étienne a été érigée dans le pronaos. Elles font mention des fonctionnaires civils et des dignitaires ecclésiastiques par les soins desquels cette transformation s'est opérée : elles attribuent à l'évêque Théodore de *bonnes œuvres* qui se rapportent surtout à la précaution qu'il a prise de faire disparaître les images profanes qui se seraient offertes aux fidèles dans le sanctuaire d'Isis ; comme l'ont reconnu les derniers voyageurs, tous les bas-reliefs ont été couverts d'une couche de limon mêlé de paille, revêtue ensuite d'un enduit ; là où cette couche est tombée, les anciennes sculptures ont reparu aussi fraîches qu'auparavant.

(1) Letronne, *Nouv. examen de l'inscr. grecque*, etc. Tome IX des *Mémoires cités*, p. 128-88 (1851).

Placés entre deux populations chrétiennes, les Blémyes, qui avaient long-temps menacé les frontières de l'empire, n'ont pu tarder à embrasser à leur tour le christianisme : on a la certitude que presque tous les temples égyptiens, depuis Philes jusqu'à la deuxième cataracte, furent convertis en églises; ce qui n'a pu avoir lieu plus tard qu'à la fin du VIe siècle (1).

Nous ne quitterons pas l'Égypte chrétienne, sans parler du calcul chronologique qui est demeuré propre aux Coptes et aux Abyssins : c'est encore à M. Letronne que l'on doit une curieuse digression sur le même sujet, dans l'appendice du mémoire cité à l'instant. Il est certes digne d'attention que les chrétiens de l'Afrique orientale ont adopté l'ère de Dioclétien, commençant le 29 août 284, ère instituée d'abord dans une pensée tout à fait hostile à leur foi. Que les payens d'Égypte aient fait de cette date leur ère pratique et civile dès le IVe siècle, ce n'était de leur part qu'un signe de reconnaissance pour un protecteur de leur culte. Mais comment est-il advenu que les chrétiens aient repris l'usage de cette ère inaugurée par les ennemis de leurs croyances? Comme ils y trouvaient un moyen fort simple de continuer la série des temps telle qu'on l'avait calculée dans la vie civile, ils en ont rattaché l'origine à une époque glorieuse pour le christianisme, celle d'un empereur surtout célèbre par les persécutions qu'il a ordonnées : en conséquence, ils l'ont maintenue sous le titre d'Ère des martyrs (*aera martyrum*), bien que les persécutions officielles aient commencé seulement l'an 302, la dix-neuvième année du règne de ce prince. Ainsi faut-il s'expliquer l'adoption d'un calcul dans lequel les populations de l'Égypte se séparaient des autres nations chrétiennes : ce calcul s'est maintenu d'autant mieux parmi elles sous la domination musulmane, que les événements les ont véritablement isolées de l'empire grec d'où elles avaient relevé sous le rapport politique et religieux pendant plusieurs siècles. Au reste, les seuls monuments chrétiens jusqu'ici connus, où l'ère de Dioclétien soit indiquée, sont postérieurs à l'invasion des Arabes qui eut lieu en Égypte l'an 640.

Si des contrées orientales de l'Afrique nous passons dans la péninsule arabique, nous avons à constater, d'après l'état actuel de l'exploration des sources, que la propagation du christianisme y fut plus lente et plus difficile

(1) Letronne, *Observ. sur l'époque où le Paganisme a été définitivement aboli à Philes*, etc. *Mémoires*, t. X, p. 168-208. — L'auteur a réuni les dissertations citées ci-dessus en un volume, sous le titre de *Matériaux pour servir à l'histoire du christianisme en Égypte et en Nubie*, Paris, I. R., 1852, 4º.

encore. L'Arabie était partagée en plusieurs principautés auxquelles appartenaient les tribus de même origine, et là où l'idolâtrie ne dominait pas exclusivement, l'influence du Judaïsme se faisait sentir avec assez de rigueur pour
mettre obstacle aux efforts des missionnaires chrétiens. Ce n'est pas le lieu
de prouver longuement que c'est la nature des traditions et des croyances
qui a fait de l'Arabie longtemps avant Mohammed le berceau d'une religion
qui se déclarerait l'ennemie de la religion chrétienne et qui prétendrait comme
celle-ci à l'empire du monde. Nous nous contenterons de rapporter quelques
données récemment acquises sur l'existence toujours précaire de communautés chrétiennes en Arabie avant l'Islamisme.

Selon toute apparence, les tentatives de conversion au christianisme ne
furent en Arabie que partielles et passagères. Des voyages de commerce, plus
rarement des missions dûment instituées ont pu y déterminer la conversion
de quelques tribus; s'il est avéré que Frumentius et OEdesius de Tyr, captifs
en Abyssinie, y ont fondé une église dont Axum est resté le siége métropolitain, on n'aurait pas de peine à croire que d'autres voyageurs chrétiens aient
obtenu quelque empire par la prédication sur des Arabes idolâtres. Ce que les
sources nous apprennent à cet égard est malheureusement fort vague. Quand
nous lisons que Démétrius, archevêque d'Alexandrie, donna en 189 à St-Pan-
tène la mission d'annoncer l'Évangile dans les Indes, nous ne pouvons
entendre par ce terme que l'Arabie heureuse; mais le succès de sa mission
après laquelle il reprit les fonctions de catéchiste dans l'école chrétienne
d'Alexandrie demeure d'ailleurs inconnu.

On connaît mieux la personne de Théophile qui fut envoyé en ambassade
par l'empereur Constance en 343 auprès d'un prince du Yémen. Théophile
obtint la permission de bâtir des églises pour les négociants, sujets de l'empereur grec, qui voyagaient dans l'Arabie heureuse ou qui y étaient domiciliés.
Trois églises furent alors construites dans des lieux fréquentés; mais le roi
Himyarite Marthad ne changea point de religion, et les indigènes qui embras-
sèrent en petit nombre la foi chrétienne vécurent isolés et même inaperçus au
milieu des juifs et des payens (1). Cependant quelque intérêt s'attache à la naissance et à la mission de Théophile que Philostorgue appelle moine et évêque.
Théophile serait un indien natif de Διβου, suivant cet historien (2), et l'on a

(1) Voir Caussin de Perceval, *Histoire des Arabes avant l'Islamisme*, t. I, p. 111-14.
(2) Dans son *Histoire ecclés.*, abrégée par Photius (liv. III).

reconnu dans ce nom celui de l'île de Socotora, qui est appelée en sanscrit *Dvipa sukhatara* (c'est-à-dire, l'île heureuse), et dont les anciens ont voulu transcrire le nom indigène sous la forme analogue *Dioskorida* (1) : c'est en vain, croyons-nous, qu'on a cherché sur les bords de la mer rouge une île qui fut la patrie de Théophile. S'il faut chercher si loin son lieu natal, nous avons la preuve que le christianisme s'est bien des fois propagé jusque dans des îles et sur des côtes lointaines par le prosélytisme de voyageurs et de marchands originaires des pays chrétiens. D'autre part, on aurait peine à révoquer en doute l'importance de l'apostolat confié à Théophile, moine arien, et sur lequel Philostorgue s'étend avec complaisance (2) : en envoyant la députation que dirigeait Théophile, Constance avait pour but d'introduire l'arianisme, en même temps que le christianisme, chez les peuples du golfe arabique demeurés idolâtres, et d'amener les évêques d'Abyssinie eux-mêmes à embrasser cette hérésie; puisque l'on peut placer la mission de Théophile dans ce pays vers l'an 356, on est en droit de regarder comme parfaitement authentique la lettre que S. Athanase nous a conservée dans son *Apologie*, lettre écrite par Constance cette même année aux princes d'Axum pour les engager à chasser l'évêque orthodoxe Frumentius.

Nous ne suivrons pas le dernier historien de l'Arabie ancienne dans les détails qu'il a rassemblés sur la pratique du christianisme dans le royaume d'Hira et dans quelques parties de la péninsule arabique; les aperçus que l'on trouvera à cet égard dans le livre déjà cité de M. Caussin de Perceval (3) convaincront le lecteur que nulle part la religion chrétienne ne parvint à y jeter de profondes racines. Qu'il nous suffise de relever en finissant un seul trait qui démontre l'attachement aveugle des tribus arabes à leurs mœurs et à leurs superstitions (4). Quoique les Abyssins aient dû porter la foi dans le Yémen en y établissant leur domination, Abraha-el-Aschram, un des princes qui le gouvernèrent à titre de vice-rois de 557 à 570, fit de vains efforts pour propager la profession du christianisme au sein des populations et pour

(1) Étymologie proposée par Bohlen (*Altes Indien*, t. II, p. 159), et acceptée par M. Lassen (*Indische Alterthumskunde*, t. I, p. 748).

(2) V. le beau mémoire de M. Letronne sur la *Réalité d'une mission arienne exécutée dans l'Inde sous l'empereur Constance. — Mémoires* cités, t. X, p. 218-48.

(3) *Essai sur l'histoire des Arabes avant l'Islamisme.* — Paris, Didot, 1847-48, 3 vol. in-8°.

(4) Tome I, p. 142 et suiv. p. 268 et suiv.

seconder en cela le zèle de Grégentius, évêque de Zhafar. Au rapport d'historiens arabes encore inédits, Ibn Khaldoun, Nowaïri et l'auteur du *Sirat-er-raçoul*, Abraha fit élever à Sana une église qui fut une des merveilles du VIe siècle : il avait demandé pour cette construction des ouvriers et des marbres à l'empereur de Constantinople et au souverain d'Abyssinie. Voyant avec peine que les tribus idolâtres du Yémen faisaient le pélerinage de la Câba au temple de la Mecque, il donna à celles de ses états l'ordre de se rendre de même à l'église de Sana, et en même temps il envoya dans d'autres contrées de l'Arabie des missionnaires chargés d'inviter les peuples à venir visiter le nouveau temple. Le message d'Abraha excita l'indignation de toutes les tribus payennes : l'église même fut profanée par un arabe fanatique du Hédjâz. C'est alors qu'Abraha marcha contre la Mecque avec le secours des Abyssins, dans l'intention de renverser la Câba : mais son armée périt presque tout entière par suite d'une épidémie, et Abraha lui-même mourut peu de temps après son retour (570). La destruction d'une armée chrétienne a eu tant d'importance aux yeux des Arabes ennemis du nom chrétien, que l'événement fut rappelé plus tard dans les annales de l'Islamisme, et qu'on institua une ère dite *de l'éléphant*, en souvenir de l'éléphant que le prince vaincu montait dans cette campagne. Que l'on rapproche de ces faits le massacre des chrétiens de Nadjran au nombre de vingt mille ordonné l'an 523 par un prince juif Dhou-Nowâs (1), on ne pourra plus douter que les populations de l'Arabie n'aient offert à l'action du christianisme une résistance acharnée dont le paganisme hellénique n'a pas offert d'exemples.

Comme nous avons l'intention de ne consigner dans cette revue que des données qui présentent un intérêt de nouveauté, c'en est assez de rappeler que l'on est en possession de renseignements importants sur l'origine des églises chrétiennes de la Perse, de l'Arménie et de la Géorgie. Si le christianisme a fleuri dès le second siècle dans la monarchie des Parthes, il a subi de cruelles persécutions dans les deux siècles suivants ; mais c'est alors que se sont élevées au pied du Caucase les deux autres chrétientés, placées entre l'empire Grec et celui des Sassanides. Sans doute, l'histoire primitive de ces églises orientales abonde en faits saillants qui ne sont pas suffisamment connus hors du monde de l'érudition ; mais elle a du moins

(1) M. Boissonade a mis au jour il y a peu d'années le texte grec inédit des *Acta S. Arethœ* qui ont trait à ce massacre et qui s'accordent avec le récit des historiens syriens. *Anecdota grœca e codic. regiis*, t. V. Parisiis, 1833.

fourni au Dr Doellinger la matière de résumés savants au tome IIe de son Histoire de l'Église justement estimée, que M. Léon Boré a fait passer en français sous le titre d'*Origines du Christianisme*. Nous n'insisterons donc pas sur ce sujet qui nous entraînerait dans trop de détails; d'ailleurs, si la Providence nous réserve des loisirs, il entre dans notre plan d'études de consacrer un jour des travaux de quelque étendue aux temps héroïques de l'Arménie chrétienne et aux monuments littéraires qui nous en transmettent la noble histoire : S. Grégoire-l'Illuminateur, Moïse de Khorène, Élisée, tels sont les noms vénérés dont nous voudrions contribuer, dans la mesure de nos forces, à rehausser l'éclat.

§ V.

Des lettres chrétiennes en Asie dans le IVe siècle et dans les siècles suivants. — Œuvres originales de la littérature syriaque : Saint Ephrem, ses interprètes et ses traducteurs modernes; des derniers travaux d'exégèse ou de critique philologique entrepris sur ses œuvres; leur complément retrouvé et publié en langue arménienne. — Découverte de textes précieux pour la patrologie et pour l'histoire des églises orientales dans les collections de manuscrits récemment acquises en Angleterre : traités jusqu'ici inconnus d'écrivains nationaux de la Syrie. — Versions syriaques d'ouvrages grecs la plupart entièrement perdus : *Lettres pascales* de S. Athanase; la *Théophanie* et autres écrits d'Eusèbe de Césarée. — Opportunité d'études fortes et complètes sur les monuments du christianisme oriental.

Si nous suspendons en ce moment l'examen des recherches qui ont trait à la propagation du christianisme à l'est du monde romain, c'est pour considérer quel a été, à l'époque où nous avons transporté le lecteur, l'essor que la culture littéraire de quelques peuples a pris sous l'empire du principe chrétien. Dans cet ordre d'études, c'est à la Syrie que nous devons revenir, puisque c'est elle qui, dans le IVe et le Ve siècles, a poursuivi laborieusement la création d'une littérature religieuse dont nous avons montré ci-dessus la glorieuse origine au temps de S. Ignace d'Antioche. Nous ne mettrons point en parallèle la littérature arménienne des mêmes siècles dont le tableau général a été tracé dans des ouvrages historiques de composition européenne (1); le sujet ne nous semble point avoir assez de nouveauté,

(1) Le *Quadro* ou Tableau de l'hist. littér. de l'Arménie, publié en italien par les Mékhitaristes de Venise en 1829, a servi de fondement à l'ouvrage du professeur

pour occuper une si grande place dans ce morceau, sans parler des motifs personnels que nous avons indiqués à la fin du précédent chapitre.

En présence des monuments nombreux, mais inédits en partie, qui composent la littérature de la Syrie chrétienne dans les temps de sa splendeur, on observe bientôt qu'ils se partagent en deux classes d'œuvres qui s'offrent à la postérité avec un intérêt presque égal. D'un côté, ce sont les œuvres originales qui rendent témoignage au prompt accroissement de l'Église et de ses institutions au sein des populations chaldéennes et araméennes. De l'autre, ce sont les versions syriaques de traités d'une haute importance parmi les ouvrages anciens de la patrologie grecque. Nous ne croyons point superflu de nous arrêter à quelques exemples, pour montrer comment ces deux espèces de sources ont fait l'objet d'investigations profondes dans les grands centres d'études pendant les dernières années, et dans quelle mesure on en a déjà recueilli les heureux résultats.

Disons d'abord à quel point on a perfectionné l'interprétation des monuments naguère connus, et par quels travaux on en a rehaussé la valeur historique et dogmatique. Puisque la littérature des Syriens est parvenue à son apogée au IVe siècle, S. Ephrem en a été considéré à juste titre comme le représentant ; de même qu'il en a été le centre à son époque, et qu'il est resté le modèle préféré du goût littéraire chez sa nation, on ne pouvait manquer de prendre l'étude de ses écrits comme le fondement principal des vastes travaux que réclament les productions de tout âge existant encore en langue syriaque.

L'édition romaine des œuvres de S. Ephrem (1732-1746) est devenue la base des recherches qui serviraient le mieux à l'appréciation de ses doctrines et de son talent. Quelques savants se sont appliqués à la critique ou à l'interprétation des textes grecs et syriaques d'après cette grande édition ; tandis que les uns, comme G. Bernstein, y rectifiaient quelques passages et quelques leçons dans la partie syriaque (1), d'autres s'efforçaient de mettre en lumière le système de métrique dont S. Ephrem est réputé l'auteur : personne n'a poussé aussi loin cette tâche que le savant P. Pius Zingerlé, Bénédictin de l'institut Mariaberg et professeur de religion à Méran dans le

Neumann, de Munich : *Versuch einer Geschichte der Armenischen Literatur* (Leipzig, 1836, in-8°), ainsi qu'aux aperçus littéraires de M. Boré dans l'*Arménie*.

(1) *Syrische Studien*, § II, p. 305-15, au tome IVe du Journal de la société orientale allemande (Leipzig, 1850).

Tyrol, auteur de plusieurs dissertations sur la versification des poëtes syriens (1). D'autres, enfin, ont consacré des mémoires à l'analyse et à la discussion des méthodes d'exégèse employées par S. Ephrem dans ses nombreux traités sur les livres de l'Écriture : tels sont les deux mémoires du Dr Lengerke, professeur à Kœnigsberg, dans lesquels l'auteur prouve abondamment le savoir du diacre d'Édesse et la portée de son interprétation (2), et d'après lesquels on se fera une juste idée de la précision qu'il faut porter dans l'étude philologique des textes de la patrologie orientale, pour en tirer le meilleur parti.

Parmi tous les travaux consacrés dans les derniers temps à S. Ephrem, il n'en est aucun sans contredit qui ait jeté plus de lumière sur cette grande figure du christianisme oriental que la traduction allemande de ses œuvres choisies par P. Zingerlé. Versé dans la connaissance de la langue syriaque dont il s'est rendu familiers tous les monuments, le Bénédictin de Méran a reproduit les écrits de S. Ephrem avec une fidélité et une exactitude que n'ont aucunement atteintes les anciens traducteurs (3) : on sait que la version latine du P. Benedictus, qui accompagne le texte syriaque publié par Joseph Assémani dans les trois premiers volumes de l'édition du Vatican, manque souvent de précision et même de clarté, comme le calque grossier qui ne reproduit que les grands contours des objets. La traduction de Zingerlé n'est pas seulement l'œuvre d'un philologue exercé, mais encore elle est celle d'un artiste qui rivalise d'élégance et de vérité avec son modèle : partout où il a rencontré des textes poétiques, il les a fait passer dans un langage mesuré qui reflète les qualités de l'original, et il a pu de cette manière revendiquer pour leur auteur le mérite d'un poète aussi riche de pensées et d'images qu'habile en versification. A cet effet, il a réuni, sous le titre de Muse sacrée des Syriens (4), les chants les plus remarquables conservés parmi les œuvres de S. Ephrem, surtout les élégies chrétiennes ou chants funèbres, où les élans de la foi

(1) Dans les tomes Ve et VIIe du Journal pour la connaissance de l'Orient (en allem.).

(2) *Commentatio critica de Ephræmo Syro*, *S. S. interprete.* Halis Sax. 1828, in-4°. — *De Ephremi Syri arte hermeneutica.* Regiomontii, 1831, in-8°.

(3) *Ausgewählte Schriften des heiligen Kirchenvaters Ephräm*, *aus dem Griech. u. Syr. übersetzt.* Innsbruck, Wagner, 1830-37, 6 vol. in-8°. Une deuxième édition des trois premiers volumes a été publiée en 1845-47.

(4) Aux tomes IVe et Ve de la traduction allemande.

s'allient aux sentiments d'une sainte tristesse, de même les cantiques sur le Paradis, plusieurs odes ou méditations sur la naissance du Sauveur et sur les mystères de la religion, ainsi que des chants polémiques contre les scrutateurs des secrets divins, c'est-à-dire, contre les Gnostiques et les hérétiques des premiers siècles. Le savant interprète de S. Ephrem n'a point oublié l'importance dogmatique et historique des nombreux écrits qu'il a si profondément étudiés : comme il a rendu hommage dans l'orateur et poète du IVe siècle au génie littéraire d'une nation chrétienne, de même il a signalé en toute occasion l'orthodoxie et la sublimité de l'enseignement que le père syrien a laissé sur le symbole chrétien, sur la morale évangélique et sur une partie considérable de l'Écriture sainte. L'Allemagne entière a accueilli comme un puissant secours pour la patristique la publication consciencieuse du religieux tyrolien, qui a en quelque sorte popularisé un corps d'ouvrages réservé jusqu'alors aux recherches d'une patiente exégèse.

L'Angleterre, de son côté, a payé le même tribut à la mémoire de celui de tous les Pères d'Orient qui a joui de la plus vaste renommée : c'est à un théologien distingué sorti de l'école d'Oxford, et autrefois assistant du Dr Pusey pour l'hébreu, M. John-Blande Morris, aujourd'hui président du collége Ste-Marie à Oscott, qu'elle doit une traduction des œuvres choisies de S. Ephrem, faite d'après le texte original selon toutes les exigences de la linguistique moderne (1). La France n'a pas encore réalisé quelque entreprise du même genre : le projet d'une traduction complète du même Père, que M. Eug. Boré avait conçu au début de sa carrière scientifique et qu'il conservait encore lors de son premier voyage dans le Levant, comme il nous l'apprend dans sa *Correspondance*, n'a pu être mis à exécution au milieu des travaux de propagande sociale et religieuse qu'il y a généreusement poursuivis. Cependant nous ne laisserons passer sous silence ni un essai anonyme qui a vu le jour l'an dernier (2), mais qui ne répond pas à ce que son titre promettait, ni le morceau remarquable que M. Villemain a inséré sur S. Ephrem dans la dernière édition de son *Tableau de l'éloquence chrétienne au IVe siècle* (3) : l'éminent critique a peint avec la vivacité ordinaire de son

____

(1) *Select Works of S. Ephrem the Syrian. Translated out of the original Syriac, with notes und indices.* Oxford, 1847, in-8º.

(2) S. EPHREM, *Histoire de sa vie et extraits de ses écrits* (Paris, 1850, 1 volume in-8º).

(3) Paris, Didier, 1849, in-8º et in-12º, p. 242-71. — La seule inadvertance un

style le rôle d'apôtre qu'a rempli le solitaire de Syrie, le prestige de son
éloquence populaire, le mysticisme profond qu'il alliait aux œuvres d'une
active charité, enfin, l'inspiration vraie de ses écrits dont le langage réfléchit
si bien l'imagination, les mœurs, les souvenirs et le climat de l'Asie.

Mais voici que, d'autre part, des secours inattendus sont acquis à la
critique des œuvres qui composent le grand monument littéraire de la Syrie
chrétienne : les Mékhitaristes de Venise se sont décidés à mettre au jour dans
la collection des auteurs classiques de leur nation tout ce qui reste des écrits
de S. Ephrem traduits au Ve siècle du Syriaque en langue arménienne (1) ;
leur édition, qui comprend grand nombre de commentaires exégétiques, de
discours et d'homélies déjà publiés dans l'édition vaticane, pourra être
consultée avec fruit afin de contrôler l'interprétation reçue du texte original
à l'aide d'une version faite dans une langue orientale qui est, par son génie,
éminemment propre à reproduire les idiotismes des autres. Ce qui donne un
plus grand prix encore à cette publication, c'est la nouveauté d'une partie
des matériaux qui la composent : telle est au deuxième volume une Harmonie ou *Explication comparée des quatre Évangiles*, que la tradition
rapporte à S. Ephrem, mais que l'on n'avait pas retrouvée dans les bibliothèques du Levant ; tel est encore le sujet du troisième volume qui renferme
les Commentaires du même Saint sur quatorze Épitres de S. Paul ; c'est-à-
dire, sur leur collection entière à l'exception de celle à Philémon, mais y
compris une troisième Épître aux Corinthiens qui s'est conservée à la suite
de la plupart des copies de la Bible arménienne (2). Ces commentaires qui
manquent dans les textes syriaques et grecs de ce Père, paraissent devoir
être comptés parmi les traductions classiques de la première époque de la

peu grave que nous tenions à relever, c'est l'assertion formelle de M. Villemain
(p. 255) sur la perte des hymnes populaires de S. Ephrem. « Les échos du Liban »
ne les ont point oubliées, et on peut se dispenser de regretter avec l'illustre académicien, que « rien ne se soit conservé de cette poésie, qui ferait une partie de
l'histoire du Christianisme en Orient. »

(1) *Sancti Ephremi opera*... Venetiis, in ædibus S. Lazari, 1856. Volum. IV,
gr. in-8° (en arménien).

(2) Comme cette épître passe depuis longtemps pour une œuvre supposée de
S. Paul aux yeux des Orientaux mêmes, un écrivain arménien l'aurait-il introduite
postérieurement parmi les commentaires de S. Ephrem sur les véritables Épîtres,
si peut-être le Père syrien ne l'a pas commentée lui-même?

littérature arménienne : ils ont été trouvés au commencement de notre siècle en Arménie sous le nom de S. Ephrem dans un manuscrit copié par le Vartabed Siméon l'an 448 de l'ère arménienne, l'an 999 de l'ère vulgaire. Il est à regretter que cette partie inédite de l'héritage du grand docteur de la Syrie n'ait pas joui depuis quatorze ans des honneurs d'une version européenne : la traduction latine qui était promise au nom du P. J.-B. Aucher, un des plus savants d'entre les moines de S. Lazare, n'a pas encore été livrée à la publicité. Nous pourrions énumérer à la suite de ces livres nouveaux de S. Ephrem beaucoup d'œuvres de la patrologie grecque, comme plusieurs traités de S. Basile et de S. Jean Chrysostome, dont les versions antiques arméniennes en partie imprimées seraient de quelque secours pour l'intelligence ou la correction des textes conservés (1) : un coup d'œil sur la longue liste de ces versions suffirait pour convaincre les hommes instruits du clergé de tout pays, que ce ne serait point peine perdue de se rendre maître de la langue arménienne comme d'une clef qui donne accès à des sources précieuses ou du moins à des versions d'ordinaire très-fidèles qui ont pour la postérité la valeur pratique de commentaires.

A ces renseignements généraux sur les sources qui ont en quelque manière ravivé l'étude de S. Ephrem, se rattacheront bien ici quelques aperçus sur la littérature chrétienne dont il a été le véritable maître et législateur. Le P. Zingerlé, dont nous avons signalé plus haut le mérite comme traducteur de S. Ephrem, n'a pas encore publié sa dissertation depuis longtemps annoncée sur la poésie syriaque; mais il a préparé ce travail par d'autres publications qui ont satisfait sa piété autant qu'exercé son savoir. Dans l'une, les « Accords des Harpes du Liban (2) », il a fait connaître au public allemand les plus beaux morceaux métriques que renferment les offices de l'année ecclésiastique des Syriens; dans l'autre, « Les Couronnes de Fête des Jardins du Liban (3) », il a montré quelle popularité a été le partage des productions de la Muse chrétienne, quand l'Église eut adopté pour chacune de ses fêtes

(1) Les Mékhitaristes ont donné des éditions de plusieurs Pères grecs, dont ils indiquaient les versions encore existantes dans leur *Tableau* des œuvres des SS. Pères traduites en arménien (Venezia, 1825, pp. 46 in-8°). — Il faut y ajouter la traduction des *Catéchèses* de S. Cyrille de Jérusalem, publiée à Vienne en 1831 par les soins des Mékhitaristes de cette ville.

(2) *Harfenklänge von Libanon*. Innspruck, Rauch, 1840.

(3) *Das Syrische Festbrevier oder Festkränze aus Libanons Gärten*, aus dem Syri-

des hymnes et des cantiques composés par les plus beaux génies de la race syro-chaldéenne. Ce n'était pas assez pour le docte Bénédictin de traduire en vers ces morceaux choisis qui appartiennent à S. Ephrem, à S. Jacques de Saroug et à d'autres écrivains anciens, et d'y relever plusieurs des croyances fondamentales du catholicisme professées en Syrie au IVe siècle : il a pris la défense de la poésie syriaque contre les assertions hasardeuses de Herder et de Eichorn, suivant lesquelles il faudrait lui refuser tout charme sous le rapport de l'élévation, du sentiment et même de l'exposition ; il a livré lui-même aux lecteurs le moyen d'apprécier la valeur des chants séculaires d'une église orientale dans leur liaison et leur ensemble ; il a même provoqué une comparaison qui ne serait pas sans fruit entre les plus anciennes hymnes latines de l'Occident, et plusieurs parties en vers ou en prose du bréviaire des Fêtes. Quant à l'enquête impartiale sur les œuvres de l'hymnologie syriaque que sollicite le P. Zingerlé et qu'il a rendue plus facile par ses traductions, d'indispensables matériaux lui sont désormais acquis grâce à l'impression de plusieurs textes bien choisis répandus dans les écoles savantes : c'est justice de recommander ici au bon vouloir de quelques personnes deux recueils qui peuvent le mieux concourir à ce but, la Chrestomathie que Hahn et Sieffert ont tirée naguère des poésies de S. Ephrem (1), et le choix de chants syriaques, que M. Splieth a extraits plus récemment des collections d'Assémani et de Renaudot ainsi que des liturgies imprimées à Rome pour les Maronites (2).

Nous passons à une autre partie de notre tâche qui s'étend aux ouvrages inédits jusqu'à ce siècle, et que l'érudition a récemment tirés ou s'apprête à tirer des principales collections de manuscrits syriaques. Cette fois encore, c'est l'Angleterre qui a pris l'initiative du travail, puisqu'elle possède en ce genre les trésors littéraires longtemps enfouis dans le monastère de Nitria. On va voir, sous un autre rapport, quelle est la richesse de ces annales du christianisme primitif dont nous avons décrit précédemment la découverte et le transport en Europe. S'il nous est impossible de passer en revue tous les livres importants dont elles se composent, nous dirons du

schen. Willingen, 1846, 2 part. in-8°. — Ce sont uniquement les deux parties d'hiver et d'été du bréviaire syrien.

(1) *Chrestomathia Syriaca, sive S. Ephræmi carmina selecta.* Lipsiæ, 1825, in-8°.

(2) Au tome IIIe du *Thesaurus hymnologicus* de Daniel, Leipzig, 1846, p. 145-268.

moins d'après une première exploration ce qu'il est légitime d'attendre de leur étude approfondie.

La liste déjà si longue des œuvres de S. Ephrem va s'augmenter d'un livre réputé perdu : son traité ou plutôt son poème syriaque contre l'empereur Julien, au sujet des persécutions que ce prince a exercées en Syrie contre les chefs de l'épiscopat (1).

Cependant l'histoire des églises orientales s'enrichira la première et s'accroîtra tout d'un coup considérablement par le dépouillement des traités historiques et biographiques qui abondent dans le nouveau fonds syriaque du Musée britannique : c'est dans cette classe d'écrits que M. Cureton a recueilli les matériaux d'une publication considérable qui sera faite aux frais du Comité des traductions orientales, et qui doit comprendre dans une version anglaise, sous le titre d'*Analecta biographica*, une collection de vies d'évêques et de saints illustres de l'Église d'Orient qui ont vécu pendant le IVe, le Ve et le VIe siècles. Une autre publication non moins importante porterait le titre de *Spicilegium Syriacum* : elle renfermerait le texte des fragments d'écrivains du IIe et du IIIe siècles conservés en syriaque, avec une traduction anglaise et des notes par le même savant. Une œuvre historique qui a de même eu droit aux travaux empressés de M. Cureton, c'est l'histoire ou plutôt la chronique de Jean dit d'Éphèse ou d'Asie, que l'on connaissait uniquement par les extraits d'Assémani d'après les chroniques de Denys de Telmahar et de Bar Hebræus (2) : l'Université d'Oxford se propose de publier à ses frais le texte syriaque de cette chronique, qui répandra quelque lumière sur une période imparfaitement connue. L'œuvre de Jean d'Asie, qui était évêque des Jacobites de l'Asie Mineure au VIe siècle, s'étend du règne de Théodose le jeune jusqu'à celui de Justinien Ier, et s'arrête à l'an 574 : non seulement l'auteur y a consigné des évènements dont il a été contemporain et même témoin oculaire, mais encore il a repris avec intention des sujets omis ou traités superficiellement par d'autres écrivains.

Ainsi la littérature originale de l'église syrienne aura la plus large part dans la révélation successive d'ouvrages inédits, quelquefois même tout à fait ignorés, qui s'accomplit au centre du plus grand dépôt littéraire de l'Angleterre. Avec plusieurs de ses écrivains orthodoxes et de ses docteurs,

(1) V. Assémani, *Bibliotheca Orientalis*, t. 1, p. 50-51.
(2) *Biblioth. Orient.*, tome II, p. 83-90, p. 313, 329.

tels que S. Jacques évêque de Saroug et Batné, on apprendra à connaître plusieurs auteurs renommés parmi les Nestoriens et les Jacobites : évidemment l'histoire des dogmes ne pourra que gagner beaucoup à la publication des écrits polémiques composés en abondance par les partisans des deux grandes hérésies de l'époque. Il ne tiendra qu'au zèle des orientalistes européens de mettre incessamment la science en possession d'ouvrages curieux à bien des titres : par exemple, le traité de Timothée, patriarche d'Alexandrie, contre le concile de Chalcédoine (1), le traité de Pierre, évêque d'Antioche, contre Damien, ceux de Philoxène ou Xenaïas, évêque de Maboug, et de Mar Isaac, prêtre d'Antioche, celui de Sévère contre Grammaticus. Dans ce dernier traité, le LVIIe patriarche d'Antioche, successeur de Flavien II, mais dépossédé de son siége en 519 comme ennemi du concile de Chalcédoine, prétendait justifier sa foi et sa conduite : la renommée que Severus avait acquise par ses nombreux écrits, d'ailleurs perdus, de théologie et de polémique, augmente l'intérêt historique d'un ouvrage où, en se défendant, il se posait en adversaire déclaré des églises orthodoxes.

C'est encore la même source qui fournira le complément d'un livre authentique qui rend témoignage à une des luttes soutenues par les chrétientés d'Orient, le traité de Titus, évêque de Bozra ou Bostra en Arabie, contre les Manichéens : il manquait au texte grec, publié le plus correctement par Gallandi (*Biblioth. Vet. Patr.* t. V, p. 266), le quatrième livre ainsi qu'une partie du troisième, que l'on a retrouvés dernièrement dans une version syriaque du livre entier.

Que dire maintenant des nombreux monuments de l'Église grecque dont on a recueilli avec bonheur dans ces dernières années des versions syriaques de date certainement ancienne? Parmi les écrits perdus de cette catégorie, il nous paraît indispensable d'en citer spécialement deux qui doivent leur récente publicité à la Société anglaise pour la publication des Textes orientaux. C'est d'abord un livre de S. Athanase qui manque dans le recueil de ses œuvres, les *Epîtres pascales* ou Lettres sur la célébration de la Fête de Pâque (2) : pendant toute la durée de son épiscopat, Athanase s'imposa le soin d'informer les fidèles du patriarcat d'Alexandrie de l'époque où ils

(1) D'après une copie faite en 562, vingt-cinq ans après la mort de l'auteur.

(2) *The Festal Letters of Athanasius discovered in an antient Syriac Version and edited with a Preface*. London, 1848, in-8° (pp. LXII. — Texte pp. 56 et 54).

devaient célébrer cette fête au sujet de laquelle des dissentiments s'étaient élevés dans l'Église; c'est le recueil des Lettres pascales adressées annuellement par Athanase à son peuple, sauf dans ses années d'exil, dont le texte syriaque a été imprimé par M. Cureton d'après les antiques parchemins d'Égypte. L'Introduction à ce recueil établit des synchronismes d'après les calculs du temps usités au IVe siècle et contient une indication très-précise des faits qui ont marqué chaque année du pontificat d'Athanase : bien que par malheur le texte des Lettres qui ont dû atteindre le nombre de quarante ne soit pas complet dans les archives de la vallée des Ascètes dépouillées scrupuleusement par M. Cureton, les vœux de Montfaucon et de beaucoup d'autres éditeurs des Pères sont presque comblés par une telle découverte; les biographes de S. Athanase en tireront des renseignements positifs sur plusieurs phases de sa carrière si agitée, et les controverses relatives aux époques de la Pâque dans les anciennes églises recevront, d'un autre côté, d'abondantes lumières d'un texte unique qui réclame au plus tôt l'hommage d'une traduction littérale.

Nous nous occuperons en second lieu d'un traité fameux d'Eusèbe, évêque de Césarée, dont on avait souvent regretté la perte totale, la *Théophanie* ou de la manifestation divine de N.-S. Jésus-Christ. On n'avait de ce traité autre chose que des fragments, parmi lesquels on distinguait les dix-huit passages grecs publiés par le cardinal Angelo Maï dans la première de ses collections vaticanes d'*Anecdota* (1). Le Rév. Samuël Lee, de l'Université de Cambridge, n'a pas tardé à mettre au jour l'antique version syriaque de la *Théophanie*, d'après un des manuscrits rapportés en premier lieu de Nitria (2), et une année après, il faisait paraître lui-même la traduction de ce livre, précédée d'une savante introduction (5).

Sans parler des signes externes qui établissent l'authenticité de la dite version, le style de l'original est garant de son ancienneté; non seulement la langue syriaque y est employée dans sa pureté native, mais encore le traducteur a lutté habilement avec le texte d'Eusèbe pour faire passer dans

(1) *Scriptorum vet. nova collectio*, t. I, part. I, p. 115 (2 édit.), et t. VIII, p. 91.

(2) Theophania, etc., *a syriac version edited from an ancient manuscript recently discovered.* London, Madden, 1842, in-8°. — Le manuscrit en caractères *estrangelo* daterait de l'an 411.

(5) *On the Theophania or divine manifestation of our Lord and Saviour Jesus Christ,* translated into english, etc., Cambridge, 1845, 1 vol. in-8°, pp. CLIX-344.

sa langue la phraséologie savante, périodique et quelquefois très-compliquée, qui est propre à l'écrivain grec : enfin, il n'est pas jusqu'aux termes philosophiques affectionnés par Eusèbe dont la version syriaque ne reproduise la véritable valeur ou ne donne l'équivalent. Le second livre de la *Théophanie* justifie du reste l'érudition reconnue de l'évêque de Césarée, alors qu'il réfute sous forme d'exposé apologétique les principaux systèmes de philosophie et de religion payennes. L'auteur procède en homme qui non seulement a scruté les origines et l'esprit du polythéisme grec, mais encore est initié aux croyances et aux mœurs des anciens peuples placés fort loin de l'empire romain (1).

La double publication du Dr Lee a un prix incontestable en ce qu'elle offre dans son intégrité une des œuvres dogmatiques de l'antiquité chrétienne, et en ce qu'elle ouvre la voie à une appréciation nouvelle et mieux fondée des opinions et de la conduite d'Eusèbe qui ont été l'objet de tant de recherches et de controverses. La question historique de l'orthodoxie d'Eusèbe en a tiré quelque éclaircissement, sinon une solution décisive favorable à ce docteur : toujours est-il vrai que, si l'on a découvert dans ses *Eclogae propheticae* des arguments qui fortifieraient l'accusation d'arianisme

(1) A ce sujet, nous devons ici une mention expresse à la publication presque complète d'un des écrits apologétiques d'Origène, ses *Philosophèmes ou Démonstration contre toutes les hérésies*. M. Emm. Miller, helléniste français, vient d'en mettre au jour le texte grec d'après un des manuscrits apportés à Paris en 1842 des couvents du mont Athos : *Origenis Philosophumena sive omnium hœresium refutatio*, etc. (Oxonii, e typographeo acad., 1851, pp. XII-548 in-8°).

Des dix livres dont se composait l'ouvrage, on en possède maintenant sept (IV-X), faisait suite au Ier livre seul connu jusqu'ici. Bien des inductions se réunissent en faveur d'Origène comme auteur de cet écrit, malgré les dénégations de ses éditeurs ou de ses biographes, Huet, le P. La Rue, et plus récemment J. Mœhler et Lommatsch. Constatons seulement que les *Philosophèmes* ne sont indignes, ni dans leur plan, ni dans leur forme, de l'intrépide chrétien d'Alexandrie. Dans les quatre premiers livres, Origène exposait et jugeait les opinions des anciens philosophes de toute secte; dans les cinq suivants, il démontrait que les Gnostiques et les hérésiarques ont puisé leurs idées, non dans la doctrine du Christ, mais dans les philosophes payens : d'après quoi, ils sont déchus du titre de chrétiens. Enfin, dans le Xe livre il résumait les points principaux de sa réfutation, et définissait ce qui était pour lui le seul vrai dogmatisme.

souvent portée contre lui (1), les pages de sa *Théophanie* en fourniraient d'opposés pour le disculper de cette même accusation.

Il ne nous appartient pas de suivre M. Lee dans la démonstration qu'il a tentée de l'orthodoxie d'Eusèbe d'après le contenu de la *Théophanie :* se fondant sur une version littérale du texte syriaque comparé avec d'autres textes des Pères, le théologien anglais a cru pouvoir affirmer qu'Eusèbe avait professé dans cet ouvrage la doctrine orthodoxe sur la divinité et la personnalité du Sauveur, et qu'il est ici, comme dans ses plus célèbres écrits, à l'abri du reproche d'hérésie. Cependant, si l'on n'était pas convaincu à cet égard, on en viendrait à reconnaître quelque fluctuation survenue assez tard dans les opinions d'Eusèbe, et à supposer que, seulement après le concile de Nicée, Eusèbe aurait transigé sur quelques points avec l'erreur. Suivant cette donnée, on admettrait sans peine avec Lee qu'Eusèbe a écrit la *Théophanie* au milieu de sa carrière, après le temps des persécutions qui cessèrent avec l'avènement de Constantin, et avant la composition de ses autres grands traités, la *Préparation* et la *Démonstration évangélique;* on conjecturerait avec l'illustre éditeur que le premier de ces ouvrages, remarquable par l'abondance des faits et par la logique de l'argumentation, a conservé aux yeux de son auteur l'intérêt général d'une exposition du christianisme, de son autorité divine et de son influence extraordinaire dans l'histoire, tandis que les écrits qui suivirent celui-ci étaient plus scientifiques dans leur forme et plus restreints dans leur but. Que l'on entende comme M. Lee la parfaite orthodoxie d'Eusèbe par rapport aux doctrines de l'arianisme, surtout d'après les témoignages qu'on emprunterait à la *Théophanie*, il n'en resterait pas moins plausible de le représenter livré dans les derniers temps de sa vie aux séductions des Ariens, et si quelquefois il a été uni dans ses actes aux ennemis de la foi orthodoxe, il ne serait point surprenant de découvrir surtout dans les écrits qu'il publia après le célèbre Concile, ou bien des expressions ariennes, ou bien l'absence d'expressions opposées à l'arianisme.

(1) Le savant helléniste d'Oxford, Thomas Gaisford a publié naguère le texte grec des *Eclogæ* d'après un manuscrit de la Biblioth. impériale de Vienne (Oxonii, 1842, in-8°). — M. le professeur Bœlen s'appuyait sur ce traité dans le discours qu'il prononçait aux promotions théologiques de l'Université de Louvain, en 1845, sur la fausse doctrine émise par Eusèbe après le concile de Nicée touchant la divinité du Verbe.

Mais est-il besoin de faire ressortir l'intérêt des investigations qui auraient pour objet le rôle d'Eusèbe comme évêque et comme écrivain? Si les graves soupçons qui datent de l'antiquité ecclésiastique sont confirmés de nos jours par des recherches complètes, il sera assurément instructif de mettre à nu les causes multiples qui ont entraîné à quelque distance dans la voie de l'erreur des esprits supérieurs qui semblaient les plus puissants défenseurs de la vérité dans le siècle de son triomphe public. Le savoir et le talent d'Eusèbe semblent toujours grandir à mesure que l'on connaît mieux ses immortels ouvrages; mais autre chose est la justification de ses croyances et de ses actes : sa belle carrière se serait donc ternie dans la première lutte dogmatique qu'ait eu à soutenir l'Église universelle, sous le premier empereur qui ait combattu ouvertement pour elle.

Ajoutons à cela que des ouvrages d'Eusèbe déjà connus vont gagner, d'autre part, en correction et en critique par suite des travaux analytiques que nous décrivons dans ces pages. Ainsi, son *Histoire ecclésiastique* recevra, on peut l'espérer, d'utiles accroissements par la collation de sa version syriaque fort ancienne : on possède aujourd'hui sous une forme qu'on a lieu de croire complète et authentique un exposé sur les martyrs de la Palestine qui a trouvé place dans le VIIIe livre ʼde son *Histoire,* et l'on a du même coup acquis la version de son discours à la louange des martyrs sous le titre oriental de *Panégyrique de leurs Excellences.*

On ne demandera point de nous de donner, dans l'espace dont nous pouvons disposer ici, des renseignements plus détaillés sur tant d'œuvres qui ont chacune leur signification et leur prix dans l'histoire du Christianisme. Bornons-nous à affirmer encore une fois, en mettant fin à ces aperçus choisis, qu'il rejaillira de l'enquête courageusement entreprise à Londres une lumière inespérée sur une foule de monuments de l'antiquité ecclésiastique : il n'est pas jusqu'aux *Recognitiones clementinæ* dont on n'ait découvert une traduction faite sans doute sur l'original grec, et cela vraisemblablement avant que le prêtre Rufin en eut exécuté la traduction latine à son retour d'Orient. Deux fragments syriaques vont rendre témoignage à la célébrité des écrits de S. Irénée, jusque dans les provinces chrétiennes d'Asie, en même temps que des morceaux plus étendus du même Père conservés en arménien par les Mékhitaristes (1). Enfin, l'hagiographie

(1) Ces documents ainsi que deux fragments arméniens de S. Hippolyte feront partie du tome Ier du *Spicilegium Solesmense* que prépare le P. Pitra.

orientale et grecque s'est accrue à elle seule d'un nombre considérable de sources, biographies, légendes, actes des martyrs, que M. Cureton a déjà dûment reconnues entre tant de feuilles éparses avec un talent supérieur de divination, et dont il a communiqué un relevé sommaire à un des promoteurs de l'érudition chrétienne en France (1).

Pourquoi viendrions-nous, après cette énumération, si rapide et si insuffisante qu'elle soit, insister beaucoup sur les généreux efforts que sollicite la mise en œuvre de tant de textes relatifs aux âges héroïques de nos croyances? Ce serait superflu sans aucun doute de vouloir démontrer les avantages divers qui résulteront infailliblement de leur étude entreprise avec intelligence et poursuivie avec un zèle persévérant. Mais il est encore d'autres intérêts que ceux de la science chrétienne que l'on a droit d'invoquer en retraçant les conquêtes récentes qu'elle a faites : ce sont les intérêts de ce monde Oriental d'où le christianisme est venu jusqu'à nous, et où l'Occident civilisé s'apprête à porter de nouveau la lumière et la vie. On ne contestera point que la connaissance profonde des vicissitudes de la chrétienté primitive ne vienne puissamment en aide aux générations qui ont reçu la mission d'arracher l'Orient à son état de servitude et d'affaissement, à ses habitudes de superstition ou de fanatisme. Il faut jeter un regard sur le passé, pour envisager l'avenir avec joie et confiance ; il faut considérer la splendeur du christianisme dans les gloires littéraires de la Syrie pour comprendre les vues du prosélytisme européen et les espérances de l'apostolat moderne. Ce sont des réflexions de ce genre qu'inspirait à M. Villemain, dans le mémoire cité, le spectacle admirable offert par les contrées du Levant au siècle de S. Éphrem :

« Il y eut donc alors des orateurs chrétiens, non seulement dans les deux langues du monde civilisé, mais dans les dialectes vulgaires d'Orient, dans les langues syrienne et syro-chaldéenne, où se conservent encore d'antiques liturgies chrétiennes murmurées dans quelques pauvres cabanes de Syrie et de Chaldée jusqu'aux jours espérés et maintenant prochains, où le génie de l'Europe ramènera le christianisme vainqueur sur cette terre d'Orient, berceau de sa naissance humaine, et l'y ramènera par un double événement temporel et spirituel à la fois, améliorant la vie comme il élèvera les âmes, employant au profit de l'homme la fécondité de ces beaux climats, et à

(1) V. l'Introduction de don Pitra à ses *Études sur les actes des saints*, etc., p. XXIX-XXXIII (Paris, 1850).

l'honneur de Dieu et de l'humanité la vive intelligence de ces races si longtemps opprimées, mais faites de temps immémorial pour les grands travaux et les prodiges des arts. »

§ VI.

De l'influence ancienne du christianisme dans l'Inde et à la Chine. — Preuves de l'établissement d'églises chrétiennes dans des pays indiens à partir du Vᵉ siècle, et de leur existence jusqu'en plein moyen âge. — Examen de la part qu'il faut faire au christianisme dans les révolutions des religions indiennes. Légende de Krichna; sa formation dans l'Inde; dates de la formation du culte de Krichna et du développement du Vichnouïsme. — Traces dans cette légende d'emprunts faits par les Hindous à l'Évangile et aux doctrines chrétiennes. — Lenteur nécessaire des recherches d'où dépend la solution de ces questions historiques.

Quand la parole évangélique transforma les peuples de l'empire romain en une société nouvelle, elle avait déjà retenti de toutes parts au delà des frontières de cet empire, dans des contrées que la civilisation grecque n'avait jamais atteintes ; ses accents avaient été entendus une première fois jusque dans les pays lointains de l'Asie centrale et orientale, avant la consommation des hérésies fameuses qui ont amené la ruine des chrétientés les plus florissantes et arrêté pour longtemps les progrès de la foi dans ce grand continent. Diverses preuves de fait ont permis naguère d'établir historiquement que les peuples de l'Inde, et même de la Chine (1), ont été évangélisés, sinon dans les temps apostoliques, du moins dans les siècles qui ont suivi l'avénement

(1) Dans un travail qui a été inséré dans ce recueil il y a quelques années : *Établissement et destruction de la première chrétienté dans la Chine* (Louvain, 1846, pp. 24 in-8º. — *Rev. cathol.*, t. I, nouv. série, p. 478 sq., p. 529 sq.), nous avons coordonné les principales d'entre ces preuves. Depuis lors, rien n'est venu contredire les faits relatifs au IXᵉ et au Xᵉ siècles empruntés par M. Reinaud à une source arabe ; mais M. Neumann a protesté avec une extrême vivacité contre l'authenticité du monument syriaque et chinois de Si-gan-fù *(Zeitschrift der deutschen Morgeul. Gesellschaft*, 1850, t. IV, p. 33-43). Cependant on conviendra qu'il est au moins prématuré de crier à la fourberie à propos de cette inscription qu'il dit forgée *(erdichtete)*, jusqu'à ce qu'on l'ait dûment interprétée dans sa partie chinoise et jusqu'à ce qu'on ait interrogé les annales de la Chine qui traitent avec un si grand luxe de détails les moindres points d'histoire et de statistique, concernant chaque règne ou même chaque année.

de Constantin et des empereurs chrétiens. Ce n'est pas qu'on ait recueilli tout récemment grand nombre de nouveaux faits en confirmation des opinions reçues; toutefois, à la lumière des études générales vouées à l'histoire et à la civilisation de ces deux grands pays de l'Orient, il est aisé de saisir des inductions historiques qui tendent à une confirmation des mêmes souvenirs. Ce sont des données générales de cette nature que nous allons exposer maintenant dans quelques pages concernant l'Inde, considérée en rapport avec la propagation ancienne du Christianisme en Asie.

On aurait peine à révoquer en doute qu'il existât dès le IVe siècle des communautés chrétiennes sur les côtes et sur d'autres points du sol de l'Inde; l'extension donnée aux missions à cette époque, ainsi que les relations que des princes étrangers ont établies du fond de l'Asie avec Constantin et ses successeurs (1), feraient augurer que la foi chrétienne a été annoncée à quelques populations de la péninsule. Mais c'est surtout au Ve siècle que l'état de cette chrétienté s'est consolidé par suite d'une organisation ecclésiastique, qui la reliait à d'autres églises d'Asie. Seulement, il est vraisemblable que l'apostolat fut alors exercé presque exclusivement par des Nestoriens, puisqu'ils furent de bonne heure en possession des siéges épiscopaux de la Perse, et que dans les siècles suivants le Métropolitain de cette contrée conserva le droit d'envoyer des évêques dans l'Inde : il est même permis de présumer jusqu'à plus ample information que de cette époque date la tradition de la prédication et de la mort de S. Thomas dans l'Inde, tradition accréditée par les chrétiens de la Perse en l'honneur de leur apôtre (2). Nous ne commenterons point les assertions positives de Cosmas Indicopleustès sur l'existence d'églises, au VIe siècle (536), non seulement à Taprobane ou Ceylan, mais encore en plusieurs endroits de la péninsule indienne; nous ne répéterons point non plus les témoignages d'autres Syriens, que les historiens modernes ont empruntés à Assémani (3), sur les rapports des patriarches nestoriens de Séleucia avec les évêques de

---

(1) Une ambassade a pu être envoyée à Constantin par un souverain du nord de l'Inde; mais Eusèbe (*Vit. Constant.* IV. 50, I, 8) prête aux députés un discours tissu de flatteries et d'invraisemblances. V. le Mémoire cité plus haut de Letronne sur la *Réalité d'une mission arienne dans l'Inde* (Acad. des Inscr., t. X, p. 229).

(2) V. Doellinger, *Origines du Christianisme*, t. II, chap. 2, § 6 et 7. Voir plus haut § II, p. 27-29.

(3) *Biblioth. Orient.*, t. III, P. 1, p. 153-54, et P. 2, p. 437, 441 et suiv.

la Perse et de l'Inde. Les documents littéraires contemporains des faits acquièrent un nouveau degré de véracité, dès que l'on considère la persistance d'une population chrétienne au milieu des idolâtres et des Musulmans. jusqu'à la fin du XVᵉ siècle, époque de la descente et de la conquête des Portugais ; les Malabars que l'on a qualifiés dès lors du nom de chrétiens de S. Thomas avaient conservé le texte et les pratiques de la liturgie nestorienne, à part les altérations que l'ignorance et la superstition auraient fait subir à leur symbole de foi. Mais en dehors de cette preuve en quelque sorte vivante du prosélytisme qui animait la jeune église de Nestorius, héritière dégénérée de l'antiquité chrétienne, il existe des renseignements dignes de confiance sur l'érection d'un siége métropolitain dans l'Inde à partir de l'an 778 (1), et l'on a découvert six planches de cuivre sur lesquelles est gravé l'acte d'une donation faite par un prince indigène à la primitive église du Malabar ou *Maláyala* (2) ; comme quelques-unes des différentes écritures dont les planches sont couvertes n'ont pu être en usage dans l'Inde avant le IXᵉ siècle, on peut en déduire un argument pour la durée de la chrétienté nestorienne qui avait été établie environ quatre siècles auparavant. Qu'il n'y ait au nord de l'Inde aucune trace de semblables colonies chrétiennes, ce fait s'explique par les révolutions dont il a été le théâtre, et par le passage de tant de conquérants étrangers ; ces colonies y seraient restées isolées de leur première patrie, privées des communications qui ont pu ranimer à diverses reprises la vie spirituelle chez les chrétiens du Malabar.

S'il fallait d'ailleurs juger par analogie la possibilité de l'arrivée de missionnaires chrétiens dans quelques contrées de l'Inde aux dates ci-dessus indiquées, des preuves de cet autre genre ne manqueraient pas : on ne s'est pas avisé de mettre en doute le voyage qu'Apollonius de Tyane aurait fait dans les Indes au premier siècle de notre ère, malgré les objections qu'on pourrait soulever à propos de la description qu'en a laissée Philostrate (5) ;

(1) V. la liste des métropolitains dressée par Lequien dans l'*Oriens Christianus*, t. II, p. 1275 et suiv. — Assémani , *Bibl. Orient.* , t. III, p. 346-47; *Ib.* ; p. 589, 594.

(2) Journal de la Société Roy. Asiatique de Londres, t. I, p. 177 (*Memoir of the primitive Church of Malayála* par le capitaine Ch. Swanston), et t. VII, p. 343. Il est, à la suite du texte de l'acte dans une langue indienne, des signatures de témoins en écriture arabe coufique, syriaque et hébraïque.

(3) V. le *Mémoire histor. et géogr. sur l'Inde* par M. Reinaud, déjà cité, p. 84-87.

on ne l'a pas fait non plus pour l'ambassade de ces philosophes indiens qui
se rendaient auprès de l'empereur Héliogabale, et avec lesquels Bardesane
s'est entretenu à Edesse, d'après Porphyre dans son traité *de Abstinentiâ*
(IV, 17, p. 556). D'un autre côté, on aurait peine à nier les relations que
des hommes instruits d'entre les Hindous auront nouées avec l'Asie occidentale dans une période où la route leur était frayée à travers l'empire des
Parthes et plus tard à travers celui des Sassanides : les Commentaires que
Bardesane avait écrits sur l'Inde n'ont-ils pas reposé vraisemblablement sur
les communications qu'il tenait de bouches étrangères, s'il n'a pas pénétré
lui-même jusque dans ce pays? N'est-il pas resté à la suite de telles communications des traces d'idées indiennes dans plusieurs des systèmes gnostiques,
voire même dans les œuvres théosophiques du Néo-Platonisme (1)? Lors-
qu'on sait quelle ardeur de prosélytisme a poussé de bonne heure des religieux Bouddhistes hors de l'Inde, rien de plus naturel que d'attribuer à des
hommes de cette secte des excursions jusqu'en Perse où se forma le Mani-
chéisme, et même jusqu'en Syrie où les doctrines et les cultes affluaient de
tous les points de l'Orient. Il est également plausible de se représenter des
Brâhmanes, voyageant vers les mêmes temps dans les contrées soumises à
l'influence grecque, et visitant surtout Alexandrie, métropole commerciale
et capitale savante des populations gréco-asiatiques. Sans faire violence à la
lettre de quelques textes sanscrits, on y découvrirait la description de pays
plus froids, situés au delà de fleuves et d'océans vaguement désignés, et qui
ne seraient autres que les côtes de la Méditerranée : interprétant les traditions répandues dans les Oupanischads du Véda à l'aide d'autres monuments
de la langue sanscrite, M. le Dr Albert Weber, de Berlin, a été amené à con-
jecturer que c'étaient des indices du voyage de Brâhmanes par mer dans les
pays d'Occident, et même de leur séjour à Alexandrie ou dans l'Asie Mineure;
il a consigné à ce sujet, dans un recueil spécialement consacré à l'Inde (2),
diverses hypothèses fondées sur l'analyse de faits trop nombreux, pour que
nous fassions ici autre chose que d'en indiquer la portée.

Mais, dira-t-on, ressort-il uniquement de ces inductions historiques la
preuve des relations de la Haute-Asie avec l'Occident grec dans les pre-

(1) Cfr. Wilson, Préface à sa traduction anglaise du *Vishnu-Purana*, p. VIII,
p. LXXI suiv., et passim.

(2) *Indische Studien*, *Beyträge für die Kunde des indischen Alterthums*, tome Ier,
1850, p 395 suiv., p. 400-1 notes; t. II, 1851, p. 168-69.

miers siècles du Christianisme, et par contre de la réalité des missions chrétiennes dans certaines parties de l'Inde surtout à partir du siècle de Constantin? Il est, à notre sens, une autre conséquence qui n'est pas historiquement moins importante : c'est celle qui consiste à reconnaître l'influence que de telles relations ont probablement exercée sur les doctrines et les opinions aussi bien dans l'Inde que dans l'Asie occidentale où le Gnosticisme en particulier en fait foi; en d'autres termes, il s'agit de la transmission des idées d'une contrée à une autre, et surtout de la connaissance que l'Inde brahmanique a pu avoir de bonne heure de la religion chrétienne et de ses livres. Comme on va le voir, les recherches ne peuvent avancer sur ce terrain qu'avec lenteur et avec prudence, si l'on ne veut courir le risque de nuire au crédit des études religieuses et apologétiques par trop de précipitation. Il est donc indispensable de constater que l'on est sur la voie de rapprochements qui serviraient à établir l'influence du Christianisme sur la religion et même sur la littérature indienne; mais ces rapprochements ne sont pas encore définis et fixés au point de prendre rang parmi les preuves de fait. Quiconque sait le vain labeur qu'ont provoqué tant de fois les hallucinations du capitaine Wilford, trompé par ses Pandits, et de quelques autres personnes mal renseignées, conviendra qu'une sage réserve est un devoir impérieux, toutes les fois qu'on rencontre dans les choses de l'Inde des analogies de nom et de sujet, d'histoire ou de géographie. C'est un court examen de la légende de Krichna, qui servira de preuve à ces assertions, et qui justifiera en même temps de l'application des études indiennes.

Il y a longtemps que la ressemblance, seulement apparente, des noms ainsi que l'analogie de quelques traits biographiques ont fait rapprocher la légende de Krichna de l'histoire de Jésus-Christ dans les Évangiles. Si la science incrédule y a trouvé à la fin du siècle passé un prétexte à l'hypothèse qui ferait venir le mystère fondamental du Christianisme de quelque foyer du polythéisme asiatique, on a dans le nôtre défendu plus d'une fois expressément l'hypothèse contraire, suivant laquelle la légende indienne serait purement et simplement la contrefaçon de la narration évangélique. Cependant cette autre interprétation des faits n'est pas arrivée à son terme, de manière à convaincre les hommes sérieux, et on a pu la rejeter absolument en prétendant que la dite légende s'est formée et développée naturellement dans l'Inde, comme la plupart des fictions et des systèmes de ce pays, en dehors de toute communication étrangère. Aujourd'hui le progrès général des recherches sur l'Inde permet de revenir au même sujet avec le secours de nouveaux faits, et bien qu'il ne soit pas encore démontré que la légende de Krichna soit en partie la reproduction de nos Évangiles, on va voir que de fortes présomptions sont acquises à l'influence au moins indirecte du Christianisme.

Krichna a été longtemps pour les Hindous un personnage héroïque de leur histoire légendaire, avant d'être un de leurs dieux principaux; l'épopée sanscrite a laissé au pasteur belliqueux du pays de Bradj les traits d'un héros humain, et dans quelques parties seulement elle l'a représenté comme l'incarnation de Vichnou qui apparaît et agit parmi les simples mortels dans des guerres de race et de famille compliquées de l'ardente rivalité de cultes populaires. Mais les chants du *Mahábhárata*, où Krichna est adoré comme dieu, sont réputés d'une composition postérieure à celle du reste du poëme. En d'autres termes, il paraît nécessaire de distinguer un premier Krichna, personnage historique qui aurait existé peut-être au XIVe siècle avant Jésus-Christ (1), et un second Krichna qui, de héros divinisé, est devenu la principale personnification de Vichnou, et la plus complète expression de l'existence et de la puissance divines aux yeux d'une immense secte. Cette incarnation de Vichnou est réputée la huitième d'entre les dix principales; mais elle est supérieure à toutes les autres, parce que dans cette descente ou *avatára* le dieu a manifesté sa divinité tout entière.

Mais, vers quel temps le second dieu de la triade indienne, Vichnou, a-t-il été de préférence glorifié sous le nom de *Krichna* (ou le noir), et sous la figure du redoutable berger des anciennes légendes qui tient à la fois d'Hercule et d'Apollon? Dans des temps déjà fort éloignés, dirons-nous, de la splendeur de la société brahmanique; à une époque sans doute postérieure à l'avènement du Christianisme. Le culte de Krichna proprement dit a pris racine dans l'Inde seulement vers le Ve et le VIe siècles de notre ère, alors que commencèrent les persécutions ouvertes contre les Bouddhistes et les Djaïnas. Krichna n'est pas nommé parmi les divinités fréquemment représentées par la sculpture indienne avant cette date (2), et de même on

____

(1) Langlois, *Mém. sur Krichna considéré comme personnage historique*, 1846, p. 8, p. 13-14 (extr. du t. XVI, 2e part., des Mém. de l'acad. des Inscr.). V. les Discours de Mgr Wiseman, 7me Disc. sur l'histoire primitive.

(2) Reinaud, Mémoire cité sur l'Inde, p. 115 et suiv., p. 123. — Cfr. Colebrooke, *Miscellaneous Essays*, I, 197; II, 110-11.

chercherait en vain, au témoignage de M. Lassen (1), la fervente adoration
de Vichnou sous ce nom dans les sections de la grande épopée dont la
composition remonterait au-delà de l'ère chrétienne. La rhapsodie épique
qui, sous le nom de *Harivansa*, glorifie la famille de Krichna, serait bien
postérieure au Mahâbhârata dont elle est à certains égards le complément
religieux et historique.

Veut-on trouver dans l'Inde même des raisons du prompt accroissement
qu'a pris le culte de Vichnou, envisagé surtout dans les mythes de Krichna,
il ne faut pas s'arrêter uniquement à l'évolution naturelle des dogmes brahmaniques sur les grandes divinités; mais il est juste de considérer en même
temps les besoins du Brâhmanisme, comme système politique et religieux,
en présence des progrès du Bouddhisme et eu égard à la prépondérance
que celui-ci avait conquise dans quelques parties de l'Inde. Au prince des
Çakyas, Bouddha, devenu le premier des ascètes d'une religion nouvelle, la
caste sacerdotale des Aryas fit en sorte d'opposer des personnages qui frap-
passent non moins vivement l'imagination des peuples. Ce fut d'abord Râma,
conquérant et civilisateur, chanté comme prince guerrier avant d'être
identifié à Vichnou lui-même : les parties du *Râmâyana* où ce caractère
d'incarnation divine lui est attribué n'appartenaient pas à la composition
primitive de ce poème. Mais ce fut entre tous le berger Krichna qui fut
revêtu du double rôle de dieu et de héros (2); dans sa vie humaine, il
s'était signalé par le genre d'exploits et d'aventures qui devait plaire davantage aux masses; dans sa vie divine, vie éternelle et supra-sensible, il s'offrait
à ses adorateurs de toute classe comme le Dieu personnel éminent par les
attributs de l'intelligence et de l'amour, supérieur en puissance à tous les
dieux qui s'étaient manifestés avant lui. Delà une religion mystique, le Vichnouïsme ou le Krichnaïsme, qui est toujours allé se développant jusqu'à la
fin du moyen âge dans l'Inde où, le Bouddhisme étant vaincu, le Brâhmanisme travaillait à sa rénovation par le culte et les pratiques comme par la

(1) Dans l'ouvrage qui résume tous ses travaux : *Indische Alterthumskunde*,
tome Ier, p. 623, 674, 780, 839.

(2) Langlois, Mémoire sur Krichna, p. 24-25. — V. Burnouf, *Introd. à l'Histoire
du Buddhisme indien*, t. I, p. 156 : « On trouvera peut-être plus tard, dit-il, que
l'extension considérable qu'a prise le culte de Krichna n'a été qu'une réaction
populaire contre celui du Buddha, réaction qui a été dirigée et pleinement acceptée
par les Brâhmanes. »

science et la poésie. Il n'est pas, ce nous semble, jusqu'à l'épithète de
Bhavagat ou « bienheureux » par excellence, qui ne soit peut-être un emprunt fait habilement par les Brâhmanes aux noms de Bouddha pour en faire
honneur à leur Dieu nouveau.

Le Vichnouïsme était parvenu à sa complète expansion comme religion
appelant tous les hommes au salut, quand furent composés les grands
Pourânas ou poèmes mythologiques consacrés la plupart à l'histoire et à la
glorification de Vichnou dans ses incarnations successives; si les plus
considérables et les plus vantés, tels que le *Vichnou* et le *Bhâgavata*, sont
des œuvres dont la rédaction actuelle ne dépasse pas le XIIe ou le XIIIe siècle, on peut juger de l'âge récent de la littérature des sectes Vichnouïtes,
tant dans la langue sanscrite que dans les langues modernes de la péninsule indienne. C'est ainsi que d'une imitation de l'histoire de Krichna, faite
en hindoui d'après le Xe livre du *Bhâgavata Pourâna* (1), a dérivé l'œuvre
moderne et populaire, le *Prem-Sagar* ou l'Océan de l'Amour, composition en
prose hindî entremêlée de stances, et dont l'auteur est le brahmane Lallû
vivant au commencement de notre siècle (2). Qu'on n'oublie pas que c'est
dans des œuvres aussi récentes que les Européens ont étudié le plus souvent
la légende de Krichna.

Ce n'est pas trop assurément de ces aperçus généraux sur la succession
des doctrines et des œuvres indiennes relatives au Vichnouïsme, pour se
faire une idée des éléments de comparaison qu'il faudrait mettre en œuvre
à la fois dans un examen approfondi des analogies qu'il semble présenter
avec le Christianisme. Évidemment, il ne s'agit d'autre chose que de savoir
quand et dans quelle mesure l'Évangile aurait fourni des accroissements

(1) Ce dixième livre n'a pas encore paru dans l'édition de M. Burnouf; mais
M. Théodore Pavie, qui s'est occupé à la fois des idiomes anciens et modernes de
l'Inde, fera connaître incessamment dans une traduction française la rédaction en
vers d'une histoire de Krichna faite fort anciennement d'après le livre le plus célèbre
du grand Pourána.

(2) V. l'*Histoire de la littérature hindoui et hindoustani*, par M. Garcin de Tassy,
de l'Institut (t. I, 1839, p. 142, p. 307), et au tome II du même ouvrage (1847,
p. 76-214), les extraits étendus que l'habile indianiste a donnés du *Prem-Sagar*.
— Plus récemment encore M. Eastwiek a publié le texte et la traduction anglaise du
livre tout entier (Londres, 1851).

à la légende de Krichna et même des idées au dogmatisme moderne des Vichnouïtes.

Établissons d'abord qu'il est dans l'histoire de Krichna plusieurs traits qui présentent grande similitude avec des faits de la vie de Jésus-Christ; mais que, parmi ces traits, il en est qui sont nés tout naturellement de la fiction indienne sur l'apparition humaine d'un Dieu bon dévoué à l'humanité, et qui ne proviennent certainement pas de la copie de textes étrangers à l'Inde. Par contre, il en est d'autres dont la similitude avec les récits des Évangiles authentiques et de l'Évangile apocryphe de l'Enfance ne serait point du tout accidentelle. C'est au sujet de pareilles analogies qu'on serait porté à croire que, l'histoire du Sauveur des chrétiens n'ayant pu rester inconnue dans l'Inde à partir du Vᵉ siècle, les Brâhmanes lui auront fait quelques emprunts en raison même des analogies qu'ils n'ont pas manqué d'y découvrir, pour grossir la fable du Dieu favori des populations : la transformation qu'ils ont fait subir au mythe de l'ancien Krichna, dans la vue de s'en faire une arme défensive contre le Bouddhisme, autoriserait cette supposition qu'ils ont cherché à enrichir indéfiniment le culte nouveau de Krichna de circonstances tirées de sources fort diverses : un tel plagiat serait d'autant plus plausible, qu'il était plus facilement dissimulé grâce à l'empreinte mythologique que le génie indien a donnée constamment à tous les faits, au point d'en effacer le caractère hétérogène.

En somme, les traits qui serviraient au parallèle ici indiqué sont surtout relatifs à la naissance et à l'enfance de Krichna, aux persécutions qui ame-- nèrent le massacre des enfants de son âge et le firent porter dans un pays voisin, puis à quelques guérisons et quelques prodiges qu'il aurait opérés, enfin à son entrée solennelle dans Mathoura, sa ville natale. Le reste de la vie de Krichna est trop plein de gloire militaire ou de sensualisme pastoral, pour donner occasion à d'autres rapprochements : l'explication mystique donnée à ses amours avec des milliers de bergères dans le sens de l'omniprésence de Dieu dans les intelligences qui croient en lui, ne rachète en rien un dévergondage payen poussé à ses dernières conséquences. Quant à sa fin, puisque, selon les uns il est remonté au ciel saturé de gloire, selon les autres, il est mort percé d'une flèche sur un bois, et, selon d'autres encore, il a été frappé et tué par un chasseur, on aurait peine à déterminer si les légendaires indiens ont copié les Évangiles. Du reste, qu'on jette un coup d'œil sur les passages qui comportent quelque similitude de ce genre (1), et l'on verra bientôt que la ressemblance des deux personnes n'est qu'apparente, et que Krichna reste le dieu sensuel et fantastique du mysticisme indien, comme il est étranger dans les œuvres d'art à la nature humaine par ses huit bras et par ses monstrueuses proportions. Le Christianisme n'a donc pas réagi ouvertement en cet endroit sur les croyances indiennes; les emprunts qu'on lui a faits n'ont pas arrêté dans leur cours les extravagances de la poésie et de la métaphysique qui ont été l'une et l'autre les instruments des sectes de l'Inde.

Une obscurité non moins grande enveloppe encore à nos yeux l'influence que le symbole chrétien aurait exercée sur le développement des idées religieuses et morales au sein du Vichnouïsme. Admettrait-on que le monothéisme chrétien aurait contribué à fonder dans la principale des religions brahmaniques l'adoration exclusive d'une divinité suprême et personnelle dont on implore la grâce et à qui on voue une foi fervente, il n'en serait pas moins vrai que les thèses philosophiques du *Sankhya* et du *Yoga* ont absorbé et remplacé les dogmes chrétiens, au point de n'en plus laisser reconnaître la trace (2); d'ailleurs, la suprématie de Vichnou sur tous les dieux anciens de l'Inde ne fait que remplacer et rabaisser la puissance de ceux-ci sans les détruire et sans les priver de toute action.

Dans la morale, l'influence chrétienne ne se trahit point par des données bien positives; la charité donnée comme un devoir des sectateurs de Vichnou est une obligation très-vague, qui contrefait assez mal la notion évangélique de la charité individuelle et sociale. Il n'est qu'un petit nombre de maximes nettement énoncées, celle par exemple qui ordonne de rendre le bien pour le mal. Le précepte de l'amour divin est d'autre part si faussement entendu qu'il peut servir d'abri et même de prétexte aux plus grands excès : Râdhâ, la plus célèbre des amantes de Krichna, personnifierait l'âme fidèle; mais la personnification est grossière, si on la prend comme image de l'Église. Serait-il vraisemblable que les Brâhmanes aient appris à connaître la morale

(1) M. l'abbé Bertrand a réuni ces passages d'après des fragments traduits naguère par M. Garcin de Tassy et a touché avec mesure au parallèle aujourd'hui possible (*Légende de Krichna et preuves que quelques circonstances de sa vie ont été empruntées aux traditions évangéliques*). *Annales de philos. chrétienne*, t. XVI, 3ᵉ série, août 1847, p. 85-106. — On consulterait avec fruit les morceaux choisis que M. Garcin a réunis plus tard dans le second livre de son *Histoire* (p. 78-133).

(2) Weber, *Indische Studien*, t. I, p. 400, note, p. 421-23, et t. II, p. 169.

chrétienne par des prédications ou dans des livres, il est advenu qu'ils auront dénaturé le sens de ses maximes, afin de les faire tourner au profit d'une doctrine facile qui absout tous les crimes pour la seule émission du nom de Krichna, et qui, confondant le bien et le mal dans les antithèses que produit l'évolution progressive du principe divin, détruit véritablement toute morale. Enfin, la promesse d'un salut universel est une des analogies qui rapprocheraient du Christianisme la religion de Krichna, et l'on aurait quelque motif de croire que les anciens Vichnouïtes se sont emparés volontiers de cette idée qui leur assurait immédiatement beaucoup de popularité ; cependant, on apercevrait également de ce côté une sorte de pression exercée par le Bouddhisme qui avait appelé antérieurement tous les hommes à la vie religieuse et au salut sans distinction de caste.

En dernière analyse, on ne regarderait point comme invraisemblable l'infiltration de quelques idées chrétiennes au sein de la grande secte de Krichna qui a dominé dans l'Inde à partir du Ve siècle ; mais il y a loin sans contredit d'un tel mode d'action à l'influence directe et complète que l'on s'est trop empressé d'affirmer. N'est-ce point un assez beau résultat des études entreprises impartialement dans ces dernières années, que d'avoir constaté historiquement que le culte de Krichna est postérieur à l'établissement du Christianisme, et que, selon toute apparence, l'Évangile a eu quelque part aux hommages rendus par l'Inde à son Dieu favori ? Que l'on nous demande des faits et des textes à l'appui de cette seconde thèse, nous répondrons qu'il faut attendre des documents nouveaux pour aller plus loin dans la voie de l'affirmation : quand la publication de tous les Pourânas et des traités religieux du Vichnouïsme aura donné une connaissance approfondie de l'histoire de cette religion, alors seulement il sera donné de rechercher en toute assurance de quels éléments étrangers à l'Inde elle s'est composée, et quelle part il faut faire en cette matière à l'Évangile et en général aux doctrines chrétiennes. D'autre part, le déchiffrement de nombreuses inscriptions et l'examen comparatif de tous les monuments littéraires de l'Inde fourniront des notions chronologiques d'après lesquelles on fixera peut-être la date et la valeur de tout compromis qui se serait fait entre des idées indiennes et des idées d'origine occidentale par rapport à ce pays. Ce qu'il est juste de dire à ce point de vue au sujet de la légende de Krichna et en général de l'histoire du Vichnouïsme, on le dirait également des livres et des légendes bouddhiques qui appartiennent, soit à l'Inde, soit aux pays

Orientaux où la doctrine du Bouddha a jeté des racines séculaires. Nous l'avons montré dans une autre circonstance (1), les systèmes arbitraires ont disparu, les folles hypothèses se sont évanouies devant la lumière qui s'est faite par la lecture des véritables sources : la nature du Bouddhisme comme doctrine philosophique et sociale s'est enfin révélée quand la science l'a cherchée dans les écritures originales qui ont été l'écho de sa première prédication dans l'Inde ; de même, la constitution du Lamaïsme et son histoire sont déjà sorties de leur mystérieuse obscurité à mesure qu'on a mieux connu la littérature des Tibétains, des Chinois et des peuples Tartares. La vérité de l'histoire rend infailliblement hommage à la vérité religieuse : qu'on explore donc les sources, qu'on rapproche les dates, qu'on analyse les doctrines, « le Christianisme, dirons-nous avec M. Ozanam, n'a pas peur des faits, quels qu'ils soient ; il sait bien que, tôt ou tard, les conséquences reviendront à lui. »

ÉPILOGUE.

25 mars 1852.

Nous ne mettrons point fin à ces aperçus historiques et littéraires sur l'antiquité chrétienne étudiée dans les monuments du monde oriental, sans indiquer la carrière toute nouvelle d'études et d'observations qui s'ouvre à l'époque même où nous nous arrêtons ; il s'agirait de l'origine de l'Islamisme, de ses premières luttes avec la société chrétienne et de ses premiers efforts pour naître à la vie scientifique. Ici s'offriraient en abondance des parallèles à l'aide desquels on montrerait dans leur vrai jour les vices originels de la société musulmane et les splendeurs trompeuses d'une civilisation fondée sur la force et la sensualité. On s'est trop empressé de vanter l'organisation sociale des peuples Musulmans et la valeur des travaux intellectuels des Arabes, et cela avant que la science ait exhumé des archives asiatiques toutes les pièces nécessaires aux débats (2). L'intérêt des recherches est grand de ce côté : si l'avenir est pour nous meilleur que le passé, nous ne renonçons point à donner un jour au public le fruit de quelques études sur des points saillants de cette partie de l'histoire.

(1) Dans un travail publié en 1846 sous le titre : *De l'état présent des études sur le Bouddhisme*, etc.

(2) Voir les *Questions historiques* de M. Ch. Lenormant, tome II, p. 62 et suiv.

Bornons-nous à constater aujourd'hui les grands faits qui déjà sont placés hors de contestation : l'ignorance sauvage des Arabes et leur fureur de destruction à l'époque de leurs guerres d'envahissement, ainsi que leur initiation postérieure à la culture des sciences due en grande partie aux Chrétiens qui résidaient à la cour des Khalifes Abbassides.

C'est en vain qu'on nierait la destruction de la Bibliothèque d'Alexandrie accomplie par l'eau et le feu sur l'ordre d'Omar, puisque l'acte non seulement est attesté par des historiens aussi judicieux qu'Abd-allatif, Aboulfarage, Ibn-khaldoun, dont M. de Sacy a réuni les témoignages (1), mais encore est conforme au caractère personnel d'Omar et à l'esprit qui l'animait dans toutes ses expéditions. Comme M. de Hammer l'a montré naguère (2), ce n'est point là un fait unique dans l'histoire de l'Islam, et l'amour du paradoxe ferait seul soutenir l'opinion contraire à laquelle Gibbon avait donné quelque crédit. D'autres renseignements nous font croire avec M. Matter et plusieurs historiens (3), que le lieutenant d'Omar, Saad Abou Wakâss a brûlé une collection, non seulement de livres de théologie, mais encore d'ouvrages scientifiques formée à Alexandrie après la destruction du Sérapéum. On imputerait sans preuves aux chrétiens du IVe siècle l'anéantissement de la presque totalité des livres profanes qui appartenaient à la bibliothèque fameuse de ce sanctuaire.

Plus on avance dans l'investigation des sources arabes, mieux on aperçoit comment les Arabes ont eu besoin d'un secours étranger pour se livrer à l'étude des sciences. Un polygraphe du XIIIe siècle, Djemal-eddin ben-el-Kofti, dans un livre sur les savants de toute nation, fait connaître les ouvrages de la Grèce ancienne qui ont été traduits en arabe et en syriaque. On trouve dans cette liste les noms d'un grand nombre de Syriens qui ont exécuté de telles versions indispensables aux progrès des études. On est donc en possession de données plus précises que celles qu'avait fournies autrefois Assémani touchant l'influence que les chrétiens de la Syrie ont exercée sur tout le développement de la littérature arabe en communiquant aux Musulmans les trésors de l'antiquité que ceux-ci étaient d'abord portés à détruire. M. Wenrich a fait usage de toutes ces données dans un mémoire que

(1) *Relation de l'Égypte*, p. 183, note, p. 240-44.

(2) *Journal asiatique*, février 1848, t. XI, 4e série, p. 193-98.

(3) *Histoire de l'école d'Alexandrie*, 2e édit., t. I, p. 533-44. — Cfr. Klippel, *über das Alexandr. Museum*, p. 259-63. (Gœttingen, 1858).

l'Académie des Sciences de Gottingue couronnait il y a dix ans (1) : on y lira quelle part honorable revient aux Syriens, Orthodoxes, Nestoriens, Jacobites, dans cette transmission de la science grecque aux ennemis du nom chrétien.

Nous ne faisons plus qu'alléguer une preuve de l'activité incessante vouée à toutes les parties de l'érudition orientale dans les pays où l'intérêt général des sciences est pris au sérieux. Pendant que nous imprimions ces morceaux analytiques dans l'année qui vient de s'écouler, des ouvrages qui n'étaient naguère que des promesses voyaient le jour en Allemagne et en Italie : là, M. Petermann publiait le texte copte de la *Fidèle sagesse* (2), qu'avait préparé le Dr Schwartze en concurrence avec l'édition que nous annoncions plus haut; ici, paraissait une version italienne des chants funèbres de S. Ephrem qui sera lue avec charme (3). On a pu voir combien est vaste le champ des études orientales, considérées rien que dans leur rapport avec l'histoire du Christianisme : on a remarqué combien d'entreprises ont été commencées dans des voies parallèles. Malgré les ressources limitées de ceux qui les poursuivent, leur réalisation ne se fera point attendre : l'amour de la science et l'espoir de découvertes exciteront parmi ces hommes le zèle et l'émulation qui sont nécessaires à l'accomplissement des grandes choses.

FIN.

(1) *De auctorum græcorum versionibus et commentariis syriacis, arabicis, armeniacis persicisque commentatio*. Lipsiæ, 1842, in-8°.

(2) Pistis sophia. *Opus gnosticum Valentino adjudicatum* e cod. msc. copt. Londin. descripsit et latine vertit, etc. (Berolini, 1851, gr. 8°). — Voir plus haut p. 62-63.

(3) *Inni funebri di S. Ephrem Siro*, tradotti dal testo siriaco per Angelo Paggi, e Fausto Lasinio. Firenze, 1851. — V. p. 75-79.